やり方さえわかれば、初心者でも株式投資で確実に勝てる

「株式投資で確実に勝つための月次データ利用法という裏技」

証券アナリスト
有賀泰夫

日本食糧新聞社

はじめに

あなたは株式投資で着実に儲かっていますか？

株式投資で儲かったことがある投資家は多いことでしょう。

たまたま投資を始めた時期がよく、儲け続けることもあります。

しかし、ちょっと相場が変調をきたしたとたん、それまでの儲けがすべてなくなった経験を多くの人が持っていることでしょう。


それは、多くの投資家が株式投資の本質を何も知らないで投資しているためです。

株価は毎日変動していますので、その株価変動を利用して儲けようとするのが大多数の個人投資家の株式投資への入り方です。

しかし、それは決して株式投資ではなく、単なるギャンブルに過ぎないのです。

株式の持つ本質的な価値とは関係ない、株価や出来高、あるいは材料に頼った株式投資は、実は株式投資ではありません。

はじめに

株式投資にとって最も重要なファンダメンタルと株価の関係をスルーして行う株式の売り買いは、間違いなく株式投資ではなく、ギャンブルです。

これはちょうど、根本的な原因療法ではなく、まじないやオカルトに頼って病気を治すようなものです。


多くの投資家が株式投資ではなく、ギャンブルを行っている理由は、株式投資の本質を突いて、なおかつ簡単に再現できる方法を解説した書籍がこの世にはほとんどないためです。

チャートやテクニカルの勉強をしようと思うと、いくらでも参考書が見つかります。

しかし、ファンダメンタルを勉強しようとすると急に内容が難しくなります。

しかも、それらは難しいくせに、理解してもすぐ投資に役立つわけではありません。

そこで本書では、どうすれば株式投資をギャンブルとせず、いかに株式投資にできるかを解説します。


本書は普通の株式投資の入門書ではありません。

株式投資のイロハも解説していません。

本書には株式投資の用語解説もありません。

本書を読んでも株式の買い方や証券会社の口座開設の仕方はわかりません。

そのような内容の書籍は世の中にいくらでもありますから、それが目的であればそのような書籍をお買い求めください。


しかし、本書を読めば、株式投資の本質がわかります。

通常、株式投資の本質がわかる本は難しい内容の本が多いのです。

初心者の方にはとても読みこなせません。

長いこと株式投資をやっている方にとってもかなり難しい内容です。

ところが、そんな難しい内容でありながら、その内容を理解したとしても、実際の投資にどう生かせばいいのかは、ほとんどわからないものです。

それに対して本書は、株式投資のことを知らない人でも、どうすればいいかがわかる内容になっています。

とても実践的な内容です。

大多数の投資家は、株式投資で勝つためには将来を予測することが最も重要であると思っています。

しかし、実際は誰も将来など予測できません。

むしろ、株価は過去に引きずられています。

過去に起こったことをいち早く知ることで、ライバルに一歩先んじることができるのです。

過去をいち早く知る手段が、実は本書のメインテーマである月次データなのです。

本書は本当の意味での入門書ですが、普通の入門書と違って、株を知らない人でもこの知識があれば、株で儲かるという入門書です。

もちろん、株式投資を行っている個人投資家の95％は儲かっていませんので、その人たちにも十分役立ちます。まさに目からウロコでしょう。

ただし、株式投資経験の長い人にはかなりの衝撃だと思います。

それは、あなたがすでに10年も20年も株をやっているとしても、たぶんあなたの知識はあまり役に立たないということがわかってしまうからです。

そのためには覚悟を決めて読んでください。


本書で学んだことだけでも、明日から十分な成果を上げることができるようになります。

もちろん、あくまでもその意味での入門書ですから、ここを入り口にしてより儲かる確率を高めるためには次のステップに進んで、精度を上げる必要があります。

しかし、いきなりそこから始めてしまうと、学ぶ気力が薄れます。

そこで、本書は簡単に読め、すぐ使えるようポイントだけをまとめて示しています。

少なくともこの方法だけで、あなたが実行しているどんな方法よりも、格段に儲かる確率が高まります。

本書はメールセミナー形式を採用しています。

最近はメールを読む方が多いと思いますので、読みやすさを追求して、メールセミナー形式となっています。

このメールセミナーでは、

売り場、買い場が的確にわかる月次データについて、
月次データを株式投資に使うメリット、
実際にどんな使い方で儲けることができたのか、
なぜ月次データが株式投資に有効なのか、
月次データを使う場合の注意点、
月次データの取得法　などについて解説します。

このセミナーを終わるころには、読者のみなさんは、月次データのさまざまな使い方が身について、実際に使用することができるようになることでしょう。
実は、基本さえわかればそれほど簡単なことなのです。
それによって、株式投資のノウハウに、一段の磨きがかかること請け合いです。

それではメールセミナーを始めることにしましょう。

目次

はじめに　2

第1回　月次データを利用するメリット
——プロ以上の運用成果をあげる極意　10

第2回　月次データでここまでわかる：トリドールのケース
——決算書には現れない、リアルタイムでの動き　15

第3回　なぜ月次データで株価がわかるのか
——株価は起こった現象の後追いをしているにすぎない　26

第4回　既存店売上高と全店売上高の違い
——既存店伸び率の変化が売買の決め手　38

第5回　月次データのフォロー法
——一覧表を作成して気になる銘柄をチェック　49

第6回　2度あることは3度ある：続・トリドールのケース
——月次動向の規則性から外れたときは要チェック　54

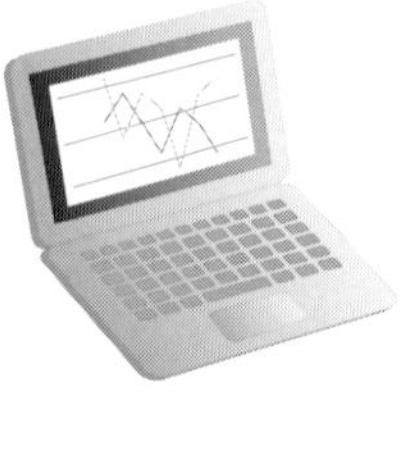

第7回 業績を変動させる特殊事情：コメ兵のケース
——会社への興味が株の動きを読むヒントに 72
第8回 市場は業績が出てから反応する：フジオフードシステムのケース
——素人知識でも株の動きの本質をとらえられる 84
第9回 全体相場の影響と見切りのつけ方：王将フードサービスのケース
——相場の動きは誰もが予測不能 99
第10回 月次データが使える会社、使えない会社
——食品会社の月次データはあまり意味がない？ 120
第11回 月次データでネット企業を攻める
——多くのネット企業に月次が有効なわけ 135
第12回 月次で利益まで公表する会社の場合：神戸物産のケース
——営業利益は過去の変化率と併せてチェック 154
第13回 注目株は織り込み済みか：ユニクロのケース
——月次データは決算予想手段ではない？ 168
まとめ 176

コラム
column 1 株式投資の必要性 34
column 2 株式投資とギャンブルの違い 68
column 3 初級者はチャートの世界に近づくな 116
column 4 H＆L企業研究クラブのビジョン 166

第1回

月次データを利用するメリット

プロ以上の運用成果をあげる極意

第一回目として、月次データを利用することになぜメリットがあるのか？ ということについて解説します。

株価はよく、業績に先行するといわれます。

確かに株価は、まるで業績を読むかのように業績より先に動いているふうに見えるケースが多いものです。

しかし、株価は決して未来を予知しているわけではありません。売り買いしているのは人間ですから、日々の出てくる情報を織り込んでいるだけです。しかも、常にその情報を正しく織り込んでいるわけではありません。

株価は、単に表面化した現象と同時進行しているだけです。

ところが、業績は終わってから発表までに時間がかかります。

たとえば、3月決算の会社であれば、通期決算は4月末から5月半ばに発表されます。すると、第4四半期決算の最初の月、つまり1月に起こったことも、決算として発表されるのは、3、4カ月遅れになります。

一方、月次であれば、早い会社では1月の月次は2月初め、2月の月次は3月の初めに発表されます。この月次を見ておけば、**かなり高い確率で、企業の次に出てくる四半期業績は予想がつく**のです。

だから、月次を発表する会社の場合、株式投資という観点からは、決算は残りかすのようなケースもあります。しかし、日経新聞などの報道機関は、業績をことさら取り上げます。

その結果、マーケットの参加者も月次は見ていなくても、業績は見ています。でも、その業績はもうほとんど株価に織り込まれていたりします。月次の後追いになるのですから当然でしょう。

ただし、ユニクロ＝ファーストリテイリング（９９８３）（第13回参照）のような注目度の高い会社の場合、月次データが公表されると新聞が記事にします。そして、好調であれば買われて、不調であれば売られるということもしばしば起こります。月次が発表された時点では、その月次データが反映される業績はまだ発表されていないわけですから、結果的に業績より先に月次データで株価が動いてしまうこともあります。

そのような会社の場合、月次データを見ていても、人より先に動くのは難しいかもしれません。

読者のみなさんは、業績は見ているけれど、月次を見ていないという会社がありませんか？ そうであるとしたら、株が当たらないのが納得できることでしょう。

でも、そんな人はあなただけではありません。まだまだ、たくさんの人がいるわけです。

だから月次データを見ていれば、本当に株価が読みやすいというわけです。

私はプロのアナリストとして、30年間株式投資と関わってきました。

私の頭の中では、当然月次データは株価に織り込まれているだろうという、思い込みがありました。

ところが実際、月次データを注意深く見始めてみると、月次データで当然わかることも、株価は業績が発表されてからあわてて動くケースが頻繁に起こります。

実は、多くのプロも私同様月次を軽視している人が多いのです。

実際に使ってみて、私自身が目からウロコでした。

もちろん、月次データを発表しない会社はで当然月次は使えませんし、月次を発表していても、業績との連動性が低い業種、低い会社もあります。

この本では、どういった会社の月次が役に立つかも解説します。

月次データを見ることはむしろ業績を見るより扱いやすいという面では、月次データのフォローは初心者向きとさえ言えます。

それなのに**運用成果では、プロを上回ることさえあるのですから、月次データを使った投資法を覚えない手はありません**。

株式投資をやるならまずは、**月次データのフォロー**。これに尽きます。

次回からは、具体的に月次データで典型的に儲かった例を示してお話ししたいと思います。

第2回　月次データでここまでわかる：トリドールのケース

決算書には現れない、リアルタイムでの動き

前回は、月次データを利用することのメリットについてお話ししました。
今回は、それに関して具体例をあげて説明したいと思います。

まずは、トリドール（３３９７）を例にとってお話しします。
ほぼ完ぺきに複数回、月次データが投資判断に役立った例です。

まずは、**図表1**を見てください。

Aの部分が月次からわかった「売り」のタイミング、**B**の部分が月次からわかった「買い」のタイミングです。

図表１：トリドールの株価推移１

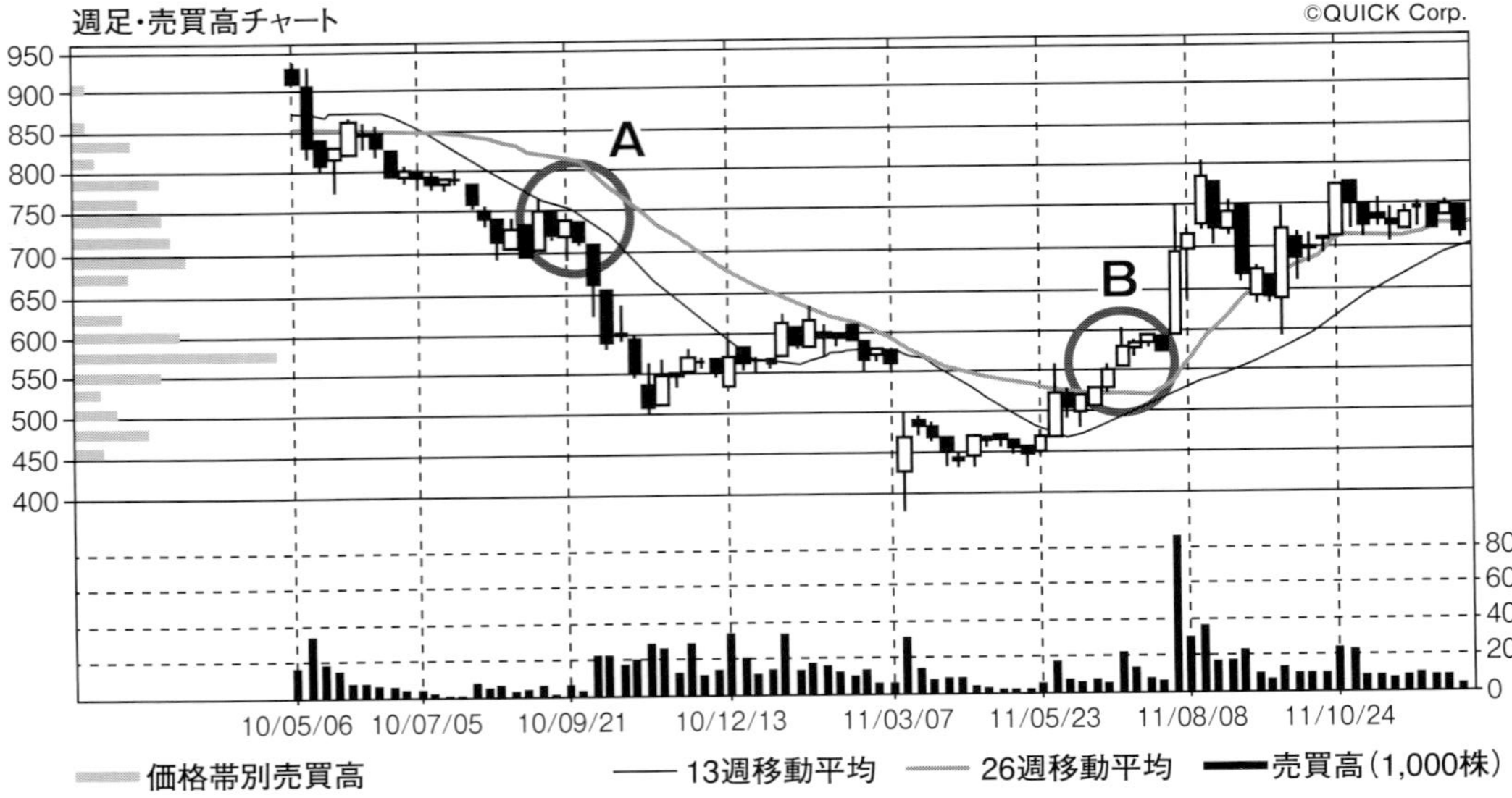

それぞれ**図表２**の同社・丸亀製麺の月次データの図と照らし合わせて見てください。図の**Ａ**の部分は２０１０年９月の月次データであり、10月４日に公表されたものです。

過去と比較するとわかるように、もっとも悪いデータでした。

そこで、「売り」と判断しました。

図表２のチャートの**Ａ**の部分が、売りのタイミングです。

仮に月次が発表になった翌日の寄り付きで売却すれば14万０００００円でしたが、１カ月後の11月４日には株価が

図表２：トリドールの月次データ１

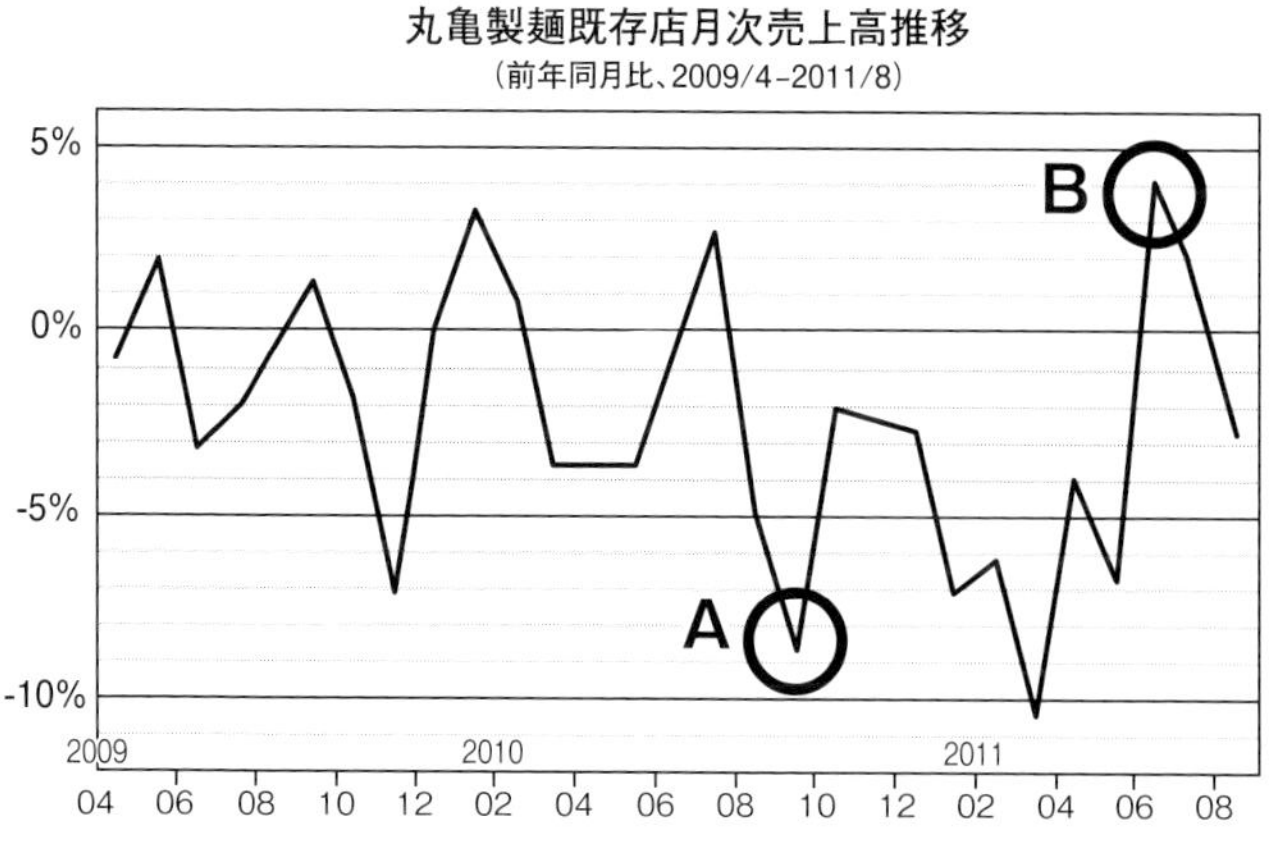

9万9900円まで下がっています。

なお、株価に関して、その後同社は1：200の株式分割をしています。ここでの表現は当時の株価を使っていますから、見ているチャートと株価の絶対値は異なります。

一方、「買い」の方は、同じく**図表2**の月次データの**B**の部分が、そのタイミングでした。同箇所は、過去最高の伸び率となっています。

仮に月次が発表になった翌日の7月6日の寄り付きで買うと11万7200円でしたが、その後8月18日には16万2000円までつけています。

さて、この株価の動きを、月次データを見ず、主に業績を見ていた人にはどう見えたのでしょうか。

四半期ごとの業績推移が**図表3**にあります。

２０１０年９月の月次が公表された時期にわかっているのは、第１四半期の業績だけです。

第１四半期の業績（表の下から４行目の2010−1Qの欄）は35・６％増収、14・１％営業増益でした。

上期の会社計画は30・６％増収、７・０％営業増益でしたから、そのピッチは上回っていました。

つまり、この状況であれば、会社計画は増額修正されると考えてもおかしくはありません。

ただし、実際は計画を上回っていたとは言うものの、その前の四半期（2009−4Q）には49・０％増収、48・９％営業増益だったのですから大幅な減速です。

株価は８月初旬の第１四半期決算発表以降、ほぼ横ばい圏で推移していましたが、

図表３：トリドールの業績１

決算期		売上高	伸率	営業利益	伸率	税前/経常	伸率	純利益	伸率
(連結)		百万円	%	百万円	%	百万円	%	百万円	%
2009/9中間	実績	18,298	65.8	2,459	86.1	2,414	85.0	1,180	94.4
2010/3下	実績	20,631	53.0	2,364	56.7	2,310	64.8	1,080	45.2
2010/9中間	実績	23,829	30.2	2,797	13.7	2,675	10.8	1,112	-5.8
	会社予想初	23,900	30.6	2,630	7.0	2,540	5.2	1,050	-11.0
2011/3下	実績	25,006	21.2	1,965	-16.9	1,892	-18.1	907	-16.0
2007/3期	実績	10,885	37.7	968	32.4	962	32.5	506	29.7
2008/3期	実績	16,544	52.0	1,448	49.6	1,385	44.0	590	16.6
2009/3期	実績	24,519	48.2	2,830	95.4	2,707	95.5	1,351	129.0
2010/3期	実績	38,929	58.8	4,823	70.4	4,724	74.5	2,260	67.3
2011/3期	実績	48,835	25.4	4,762	-1.3	4,567	-3.3	2,019	-10.7
	会社予想初	50,100	28.7	5,360	11.1	5,160	9.2	2,280	0.9
2009-1Q	実績(3カ月)	8,335	62.0	1,106	81.0	1,089	80.3	519	68.5
2009-2Q	実績(3カ月)	9,963	69.0	1,353	90.6	1,325	89.0	661	121.1
2009-3Q	実績(3カ月)	10,086	57.6	1,107	66.5	1,098	78.0	560	76.7
2009-4Q	実績(3カ月)	10,545	49.0	1,257	48.9	1,212	54.4	520	21.8
2010-1Q	実績(3カ月)	11,306	35.6	1,262	14.1	1,193	9.6	407	-21.6
2010-2Q	実績(3カ月)	12,523	25.7	1,535	13.5	1,482	11.8	705	6.7
2010-3Q	実績(3カ月)	12,605	25.0	954	-13.8	921	-16.1	423	-24.5
2010-4Q	実績(3カ月)	12,401	17.6	1,011	-19.6	971	-19.9	484	-6.9

先に述べた9月の月次が大幅に悪化したことで、月次発表と同時に株価は急落を開始しました。

そして、第2四半期決算が発表された11月1日の頃には10万円まで下がっています。

ところが、第2四半期決算も25・7％増収、13・5％営業増益と好調であり、しかも、上期の決算は期初予想の7・0％営業増益予想が、13・7％増益と増額修正の着地でした。

つまり、決算しか見ていない人は、なぜ株価が下がったのかもわからない状況だと思います。

しかし、その3か月後に第3四半期決算が出て、初めてなぜ下がったのか、わかるようになります。

第3四半期決算で、25・0％増収、13・8％営業減益とここで初めて減益になります。

肝心要の月次を無視しておいて、この株価と業績の関係を見て、多くの投資家はこのように株価には先見性があるのだから、ファンダメンタルなんか分析してもわからないので、チャートと勘で投資すると平気で言う人たちがいます。しかし、それはここで説明するようなデータ分析を何も知らない人のたわごとにすぎません。

もっとも、業績が減益とわかったころまでには、株価が売られすぎと判断されたようで、しばらくはやや戻り歩調となります。この辺りも業績だけを見ていたら、何で悪い業績が出て株価が上がったかさっぱりわからないと思います。

その後、震災で株価は大きく下がりましたが、こればかりは読みようがなく仕方のないことです。しかし、他の銘柄はそんなに時間をかけずに震災で下がった分を取り戻すのですが、同社株は下がった分がほとんど戻りませんでした。このことから、株価の弱さが実感できます。
そして、通期決算が発表されました。通期は25・4％増収、1・3％営業減益と厳しいものでした。当初計画は28・7％増収、11・1％営業増益ですから大幅な減額修正ということになります。

最後の四半期である第4四半期だけとれば、17・6％増収、19・6％営業減益とよりいっそう厳しいものだったのです。

この背景にあるのが、2011年5月までの月次の低迷継続です。その辺りを**図表2**の月次の図でしっかりと確認してください。

ここまでの解説から同社の場合、業績なんか見ていても、まったく投資に役立たないことがわかります。

いかに、月次データが重要かということが十分に理解できたのではないでしょうか。

極論すれば、月次データを公表している会社の場合には、**月次を見ないくらいなら、その会社には投資をすべきではない**とさえ言えます。

それならば、むしろ月次データを公表していない会社に絞って投資すべきです。

でも、あなたはもう、月次データの活用法を知ったわけですから、月次データを活用しないなんてことはあり得ないでしょう。

今回の説明は、月次データを用いた「売り」から入ったわけですが、もちろん「**買い**」**でも有効**です。2011年5月まで低迷していた同社の月次が2011年6月に急に大幅なプラスに転じます。

図表2のグラフの**B**の部分になります。

2011年7月初旬に公表された6月の月次は一気にそれまでの最高の伸び率であったため、ここで「買い」と判断したわけですが、その後株価は本格的な上昇を開始しました。

この時点でも月次を見ていれば、一足早く回復の判断ができて安いところで投資できたのですが、業績だけしか見ていなければ、その時点でわかっている2011年3月期の最後の四半期はすでに述べたように、17・6％増収、19・6％営業減益というものですから、なかなか株を買える状況にはありません。

ただし、6月の月次が出た時点は一つのベストタイミングでしたが、この時は、8月に第1四半期決算が公表されてからでも、間に合っています。

それは、第1四半期決算が、25・3％増収、36・0％営業増益ときわめて良かったためです。

もっともその間に株価は10％ほど上昇していますから、月次をフォローすることの方が、業績だけを見ているより有利と言えるでしょう。

決して月次なんか見ても意味がない、という結論にはなりません。

DATA	
(株)トリドール	
本　社	兵庫県神戸市中央区小野柄通７丁目 1-1
資本金	38億円(平成27年3月現在)
設　立	平成７年
売上収益	872 億円(平成 27年3月期連結)
従業員数	社員数：821人、パート数：10,528人(平成27年3月現在)
主な業態	讃岐釜揚げうどん「丸亀製麺」、焼鳥ファミリーダイニング「とりどーる」、醤油ラーメン専門店「丸醤屋」、焼きそば専門店「長田本庄軒」など

第3回
なぜ月次データで株価がわかるのか
株価は起こった現象の後追いをしているにすぎない

前回は、トリドール（3397）を例にとって、月次データをフォローすることの優位性をお話ししました。十分理解されたのではないでしょうか。

なぜ月次を見ていると、こうもズバッズバッと株価が当たるのかを改めて整理してみます。

株価は本来、業績の先行きを反映して動くものです。

もちろん、短期的には需給で動きますし、中期的にも売られすぎ、買われすぎを繰り返します。

そのため、いくら好業績が続いたとしても、**高いところで買えば儲けることはできません。**

根本的に業績が良くなると世の中が思えば買われ、悪くなると考えれば売られるのが原理原則です。

もっとも、中には株価の動きだけを見ていて、上がりそうだから買って、下がりそうだから売るというような投資法を行っている人もいますが、ここまでの流れでわかるように、大方は損をします。

そのような人々は、株式投資について価格変動をうまく乗り切れば儲かる、単なるギャンブルと考えている人々です。

しかし、ここまでの解説からもわかるように、そんな投資方法では滅多に儲かりません。

それでも、なかなかやめられないのは、そんなやり方でもたまには儲かるからです。

そんなところは、まさに他のギャンブルと同じです。

そのような人々はさておいて、株式市場に参加する投資家の中でより賢い投資家は、株価は業績によって動くことを理解していますので、業績を正しく予測する手段を血眼で探しています。

つまり、そんな**業績予測手段の一つが月次データ**ということになります。

もちろん、月次以外にもたくさんの業績予測手段があります。いくつか例をあげれば、**鉱工業生産や各業界の市況、業界ごとの生産や在庫など無限にあります**。

その中で、誰もが容易に入手でき、扱い自体もそれほど難しくない月次データは、個人投資家の業績分析の入門編としては最適ではないかと思います。

本来、これだけぴったり当たるのはおかしいのですが、それほど重宝なものでありながら、本気で月次データを見ている人が少ないのだろうと思います。

たぶん、深く考えないで、出てくる数字を眺めている人が多いのでしょう。

読者のみなさんも自分のことを振り返ってみてください。

今回、私がお話ししたようなことを実践しているでしょうか。

もし、あなたがすでに月次を利用しているようなら、株式投資でウソみたいに儲かっていると思います。やっていないようなら、おそらくそれが世間の大多数の人だと考えていいでしょう。

さて、前回お話ししましたが、２０１１年６月の月次データがプラスに転換しましたので、６月の月次データがわかった7月初旬に「買い」に転じました。

その時点から株価は上昇し始め、８月初旬に第１四半期決算が出て、25・３％増収、36・０％営業増益であったことから、さらに株価は上昇しました。

ところで、トリドールの月次の復活局面に関して追加的なお話をしておきます。２０１１年６月の月次が急によくなったのですが、実は**テレビ放映がきっかけ**だったのです。

その数年前にはサイゼリヤ（７５８１）や王将フードサービス（９９３６）（第９回参照）の月次が、テレビ放映によって急伸し、株価も急伸したことがありました。

とくにプロはそのような水物は軽視しがちですので、逆に個人投資家は素直に乗ってうまくいくことが往々にしてあります。

今回、テレビ放映が行われることは、会社からのメールでわかりました。

会社のホームページに行って、メールアドレスを登録しておきますと、会社から月次、業績、ニュースなどを知らせてもらえますので、興味のある会社にはぜひとも登録しておくといいでしょう。


トリドールは、その後も順調な月次が続いたのですが、全体相場が弱かったこともあって、株価は、いったん上がってからは一服していました。

相場がそこまで弱くなければもっと上がったかもしれませんが、月次が順調でしたから、継続的に持っていてまったく問題ありませんでした。

その後、月次データにさらなる勢いが出てきたので、

DATA	
(株)サイゼリヤ	
本　社	埼玉県吉川市旭2-5
資本金	86億円
設　立	昭和48年
売上高	1,392億円（平成27年8月期連結）
従業員数	正社員：2,242人、準社員：8,256人（平成27年8月期単体）
事業内容	イタリア料理店「サイゼリヤ」をチェーン展開するフードサービス業

さらに強気の「買い」指示を出しました。

それは**図表５**の２０１１年12月の月次データが公表された時点です。

図表４の月次データのグラフで「買い」（２０１１年12月）と示した時点で、**図表５**の株価では、**Ｃ**の部分のタイミングになります。

ところが、それから３週間ほど株価は上にも、下にもほとんど動きませんでした。

月次はこのように**すごいとわかる数字が出ても、すぐには動かないことも多い**のです。

それは決して価値がないということではなく、それだけ他の人に先んじているわけですから、むしろ余裕を持って投資に挑めるという点でも、これほど貴重なデータはありません。

その後、１月末の決算発表前に日経新聞が、業績が好調であるという観測記事を書いたその日に、いきなり10％以上株価が上がりました。そして結局、１カ月ほどで株価は20％も上昇しました。

まさに、月次さまさまです。**何も難しいことをしなくても株は儲かる**んです。

図表４：トリドールの月次データ２

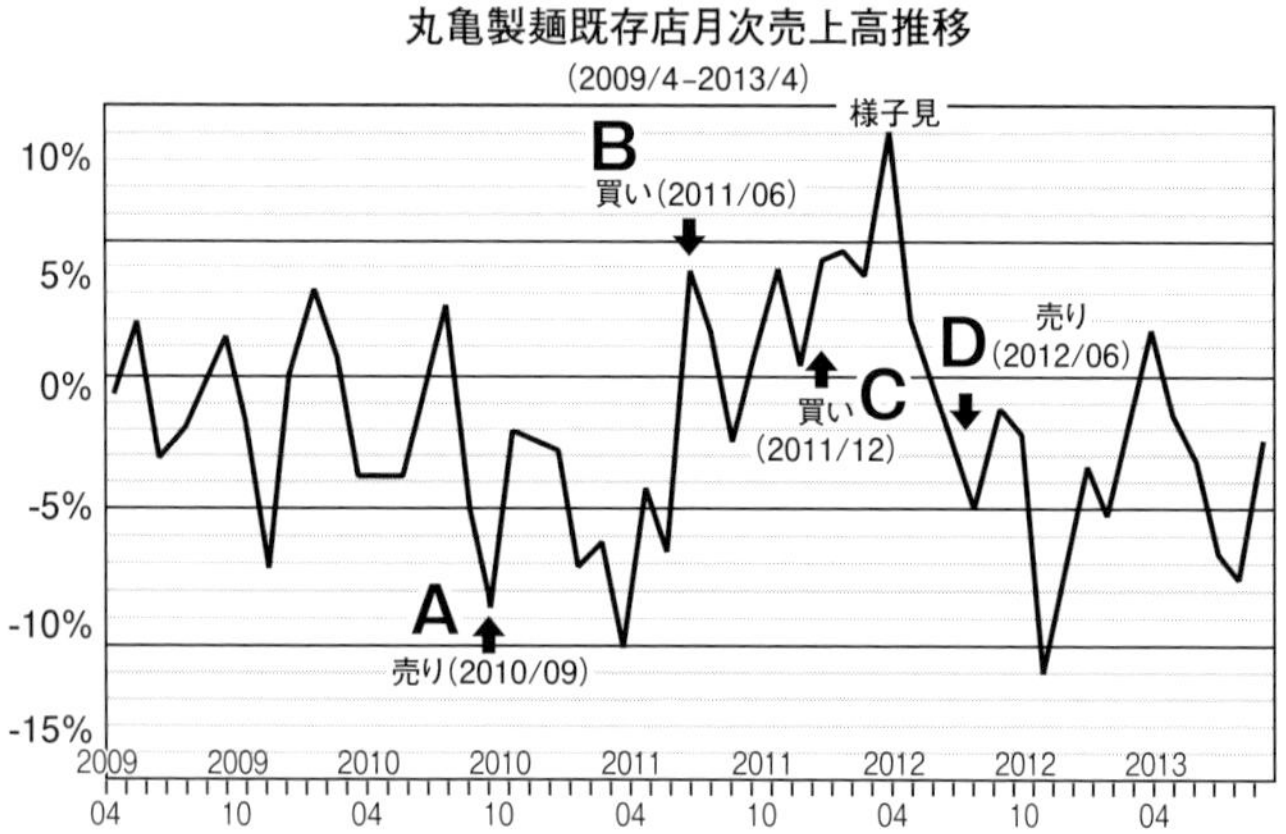

株価が先を読むなんて大ウソだということがよくわかる話です。すべて、起こった現象の後追いをしているだけなのです。

ただし、株価が20％上がったからと言って、何もそこで利食う必要性は全然ありません。

その後も月次をフォローしていって、順調に推移しているなら、多少の株価調整には目をつぶって持ち続けます。

まずは、そろそろまずいかなと思えば、心の準備をしておき、株価が行き過ぎたなと思えば一部売っておいたり、実際に悪い数字が出てからいよいよ最後の利食いをすればいいのです。

図表５：トリドールの株価推移２

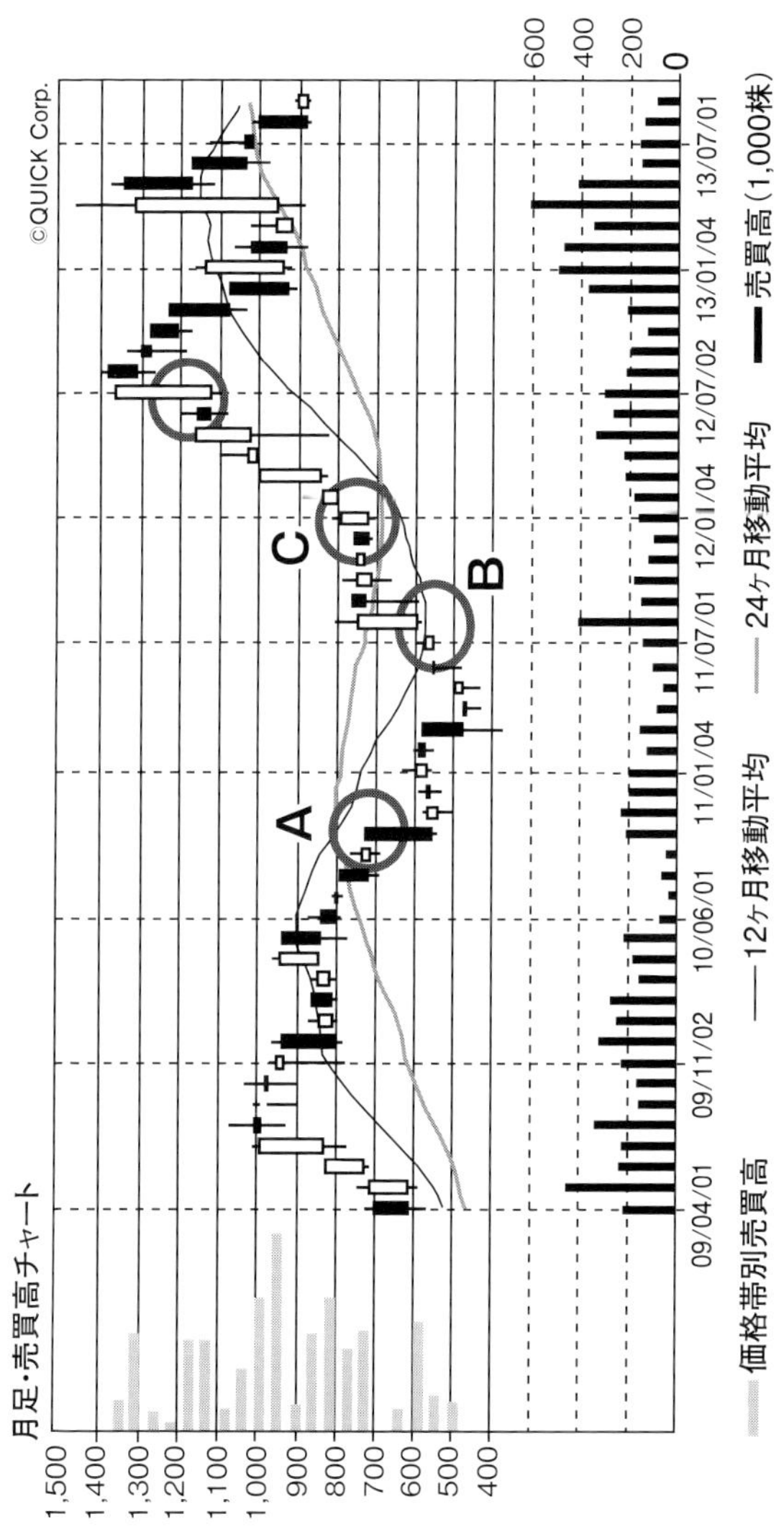

注：A、Bは図表1のA、Bに対応している。（P5参照）

コラム

株式投資の必要性

日本人は株式投資というと、はなから危険なものという捉え方の人が多いものです。だとすれば、なぜ株式投資が必要かということは、とても重要なテーマです。

資産運用が必要な時代になってきた

広い意味の資本主義経済で、一つの国が成長し、繁栄している間は国民一人一人の所得が増加し、生活水準も上がっていきます。

しかし、所得水準が国際的にも高水準となり始め、新たな成長手段が見いだせない場合、国の経済が成熟化し、国民の所得も横ばいか、減少し始めます。

今の日本がまさにこの状況です。

一人一人の所得が上昇しているような国では、貯蓄や運用はそれほど重要な意味を持たないかもしれません。

つまり、ある時、1の所得に対して2の貯蓄があって、その貯蓄が運用によって3になっ

column 1

たとしても、その時点で所得が3になっているような場合です。

ただし、これはこれで企業が成長するために株式市場が必要であり、企業が成長すれば国民も潤いますから、本当は必要なのですが。

この時期の株式投資は、いわば余裕のある人が参加する市場と言えるでしょう。

一方、所得が減少するような場合は、運用が非常に重要となってきます。

つまり、1の所得に対して2の貯蓄があり、所得が0・8になった時、貯蓄が2のままか3になっているかは大きな違いです。

国の位置づけばかりではなく、個人的には高齢になることによって、過去の貯蓄を運用することの重要性は大きなものとなります。

とくに年金が頼りになりそうにないわが国において、自らの貯蓄の運用は大きな意味があるのです。

株式投資の優れた点とは

資産運用には、株式投資以外にも多くの方法があります。

預金、債券、為替、不動産、金、商品などです。

資産三分法という言葉がありますが、これは資産を流動性資金、使用予定資金、利殖性資金に分けて持つというものです。

この例で言えば、流動性資金は預金ですし、使用予定資金は中期債などが相当するでしょう。

そして、株式投資は為替や不動産、商品などと並んで利殖性資金に位置づけられます。

その中で株式投資は流動性が高く、換金が容易であり、それ自体がバリエーションに富んでいてリスク分散が簡単だという特徴があります。

投資教育がないのは日本だけ？

成熟国では、国民にとって株式投資はそれほど重要な知識ですから、学校教育には株式投資について教える授業があります。

アメリカでは、小学校から授業の中で「株式投資」の勉強をしていて、アメリカ人の60％が株式投資・不動産投資を経験したことがあるとの調査結果が出ています。

でも、日本では学校で株式投資について習うことがありませんから、専門の職種に就く

column 1

ことがなければ「株式投資」についての知識は、ほとんど身に付く機会がありません。

つまり、「株式投資」にチャレンジして財産を失ってしまう人が多いのは、株式投資に対する基礎知識があまりにも少なすぎるからと、思えてなりません。

これが日本の個人の間で、本当の意味の「株式投資」が定着しない大きな理由ではないでしょうか。

基本的な知識がない中で「株式投資」を行うのはわかりやすく例えると、自動車の運転を見よう見まねで、独学で覚えたドライバーが通常の道路を走っているとしたら……。

ちょっと恐ろしくなりますよね。

ウインカーを出さずに急に曲がったり、道路標識も分からないから進行方向がバラバラ。

追い越し禁止の場所でも平気で「追い越し」をしているかもしれません……。

想像しただけでも、事故を起こす確率が高いのが、わかっていただけると思います。

第4回

既存店売上高と全店売上高の違い

既存店伸び率の変化が売買の決め手

前2回はトリドール（3397）を例にとって、月次をフォローすることの優位性の意味についてお話ししました。

ところがこのトリドール、その後も何度か話題を提供しています。

とりあえず、2011年から2012年にかけて安いタイミングで買えて、しばらくは「売り」のタイミングが来るまで月次を丹念にフォローするという状況が続きました。

そして、2012年5月の月次が出た時点で、そろそろまずいかなという状況になります。

つまり、5月まではいいのですが、前年の6月から既存店伸び率が高まっていますので、6月の既存店に要注意という見方をし始めたということです。

そして、6月の既存店が出た時点でその予想が現実のものとなりました。

6月の月次が出たのが7月初めであり、1月に2011年12月の数字が出て、強気を再確認した時点の株価が700円強であったのに対し、7月初旬には1100円台、6月の月次で黄色信号が出てもさらに株価は上昇し、7月中に1300円を超えます。

当時は日経平均が下落途上にあったわけですので、まさに出色のパフォーマンスでした。

そして、最高値を付けたのは8月に入ってからでした。


買うから上がる、上がるからきっといい業績に違いない、だからもっと買おう、という、株価上昇の典型的パターンです。

この間、8月初旬に第1四半期決算が公表されました。

図表6の下から4行目の2012-1Qという欄で、18・5%増収、20・6%営業増益でした。

上期業績の会社予想は19・7%増収、12・4%営業増益ですから、第1四半期の数字は売上高こそ伸び率が下回っていましたが、営業利益は超過達成という感じでした。

それでも株価はもはや、上がらなくなります。

そして、上期決算が出た11月初旬では、7、8月の株価より若干下の1200円程度でした。

その上期の業績は、半期では17・5％増収、21・1％営業増益と期初計画を上回り、第2四半期の3カ月も16・5％増収、12・6％営業増益と高水準でした。

しかし、そこから株価はズルズルと下がり始めます。

これはもう、ここまで読んできた方なら簡単に理解できると思います。**図表4**にあるように6月以降の月次データが低迷していたためです。

そして、株価の下落が加速するのが、決算発表とほぼ同時に公表された10月の既存店が、11・7％減と大幅に悪化したことを受けたものです。

これはまさに、この月次データ活用法の第2回で述べたように、その2年前に起こったことと同じことなのです。

図表６：トリドール業績２

決算期		売上高	伸率	営業利益	伸率	税前/経常	伸率	純利益	伸率	丸亀製麺 既存店
（連結）		百万円	%	百万円	%	百万円	%	百万円	%	
2010/9中間	実績	23,829	30.2	2,797	13.7	2,675	10.8	1,112	-5.8	
2011/3下	実績	25,006	21.2	1,965	-16.9	1,892	-18.1	907	-16.0	
2011/9中間	実績	29,728	24.8	3,515	25.7	3,389	26.7	1,618	45.5	
2012/3下	実績	31,347	25.4	3,228	64.3	3,108	64.3	1,432	57.9	
2013/9中間	実績	34,920	17.5	4,257	21.1	4,154	22.6	2,163	33.7	
2013/3下	実績	35,986	14.8	2,788	-13.6	2,756	-11.3	1,084	-24.3	
2013/9中間	実績	39,659	13.6	2,689	-36.8	2,612	-37.1	681	-68.5	
2014/3下	実績	38,659	7.4	2,325	-16.6	2,312	-16.1	168	-84.5	
2010/3期	実績	38,929	58.8	4,823	70.4	4,724	74.5	2,260	67.3	
2011/3期	実績	48,835	25.4	4,762	-1.3	4,567	-3.3	2,019	-10.7	
2012/3期	実績	61,075	25.1	6,743	41.6	6,497	42.3	3,050	51.1	
2013/3期	実績	70,906	16.1	7,045	4.5	6,910	6.4	3,247	6.5	
2014/3期	実績	78,318	10.5	5,014	-28.8	4,924	-28.7	849	-73.9	
2009-1Q	実績（3カ月）	8,335	62.0	1,106	81.0	1,089	80.3	519	68.5	-0.7%
2009-2Q	実績（3カ月）	9,963	69.0	1,353	90.6	1,325	89.0	661	121.1	-0.5%
2009-3Q	実績（3カ月）	10,086	57.6	1,107	66.5	1,098	78.0	560	76.7	-3.0%
2009-4Q	実績（3カ月）	10,545	49.0	1,257	48.9	1,212	54.4	520	21.8	0.1%
2010-1Q	実績（3カ月）	11,306	35.6	1,262	14.1	1,193	9.6	407	-21.6	-2.8%
2010-2Q	実績（3カ月）	12,523	25.7	1,535	13.5	1,482	11.8	705	6.7	-3.7%
2010-3Q	実績（3カ月）	12,605	25.0	954	-13.8	921	-16.1	423	-24.5	-2.4%
2010-4Q	実績（3カ月）	12,401	17.6	1,011	-19.6	971	-19.9	484	-6.9	-8.0%
2011-1Q	実績（3カ月）	14,170	25.3	1,716	36.0	1,644	37.8	823	102.2	-2.3%
2011-2Q	実績（3カ月）	15,558	24.2	1,799	17.2	1,745	17.7	795	12.8	-0.1%
2011-3Q	実績（3カ月）	15,721	24.7	1,784	87.0	1,731	87.9	811	91.7	2.8%
2011-4Q	実績（3カ月）	15,626	26.0	1,444	42.8	1,377	41.8	621	28.3	5.8%
2012-1Q	実績（3カ月）	16,794	18.5	2,069	20.6	2,015	22.6	1,089	32.3	-0.6%
2012-2Q	実績（3カ月）	18,126	16.5	2,188	21.6	2,139	22.6	1,074	35.1	-2.8%
2012-3Q	実績（3カ月）	17,514	11.4	947	-46.9	897	-48.2	400	-50.7	-7.4%
2012-4Q	実績（3カ月）	18,472	18.2	1,841	27.5	1,859	35.0	684	10.1	-1.6%

この辺りの株価の動きは、**業績だけを見ている人にとっては、いったい何が起こったのかわからない**ものであったと思います。

しかし、月次の既存店の動きを見ていれば、むしろ株価の反応はずいぶん遅かったという感じさえします。

ちょうどそのころ、私が既存店伸び率を重視することに関して質問がありましたので、その質問と回答を示します。

この質問のやりとりから、大方、既存店の重要さについて理解されることと思います。

Question

有賀様

こんにちは。

クラブに入会してほぼ1年経過し、以前より冷静、ゆったりと投資に向かえているような気がしています。

又、推奨されている銘柄も自分なりに調べて納得の上で購入させて頂いていますが、ありがたいことに利益に結びついており有賀様には感謝しています。多分昨年までの私ならこのような結果になっていないと思います。今後ともよろしくお願いします。

ところで質問なのですが、月次のチェックで既存店のトレンドを追っていくことはわかるのですが、決算自体は全店（全業態）の売上げですよね。たとえば、トリドールの既存店は最近前年割れしていますが、全店で見ると110％の売上げが続いてます。こういう場合の好調？　不調？　の判断はどう見ていけばいいのかよくわからないです。新店が似たようなペースで増えていけば、利益自体は素直に上がっていくような気がするのですが。

××

Answer

ご質問ありがとうございます。

また、ご自分で調べて納得して投資し、結果にも結びついているとのこと。

まさに、このクラブで目指すものです。心から嬉しく思います。

株式投資は自分で納得して投資をするから、失敗も糧になり成長するのだと思います。

これからもがんばってください。


さて、既存店と全店の考え方についてお話しします。

私もこれは時々考え違いをする部分で、意外と難しいところがあります。

まず、極端な例をあげて説明します。

企業の売上高が既存店だけで10%増える場合と、新店だけで10%増える場合を考えます。

既存店だけで売上げが10%増えたとすると、新たな固定費は増えていませんので、利益は20%も30%も伸びます。

この場合、既存店伸び率は10％増ということになります。


一方、既存店の伸び率が０で、新店だけで売上高が10％増えたとします。

この場合、出店費用や新店の従業員など固定費が増えますので、利益の伸びは既存店が伸びたより低く、仮に10％増としましょう。


ここで、既存店の伸び率が０％ではなくマイナス２％に低下したとします。

すると、その分売上げも８％の伸びに下がります。

そして、限界利益分の利益も減ります。

すると、利益の伸びも５％程度に低下する可能性があります。

さらに、既存店伸び率が低下すれば、やがては減益になる可能性も出てきます。


ご質問にあるように、売上高の効果だけを考えると、新店も既存店も同じです。

しかし、既存店は固定費が増えませんが、新店は必ず固定費が増えますから、利益への寄与は小さくなります。

また、同じだけ新店を出店した場合、既存店が不調であれば売上げの伸び率自体が低くなってしまいます。

よって、既存店の伸び率がより重要ということになります。

そもそも、既存店の売上高が減っているのに、新店をどんどん出すこと自体が自殺行為なのです。

いかに既存店の伸び率が大切かということがわかっていただけたのではないでしょうか。

さて、質問の真意は別のところにあるかもしれませんので、それにも答えておきたいと思います。

新店で売上げが伸び、利益も伸びたとしても、既存店の伸びが低下すると、株価は下がる可能性が高まることについても解説しておきます。

既存店が好調であると、出店数に対して、売上げ、利益も高い伸びになります。

そのため、バリュエーションが高くなります。

外食産業の平均ＰＥＲ（株価収益率）が当時おおよそ10倍程度の中、トリドールは８月１日に１３９円をつけています。

これは会社予想のＥＰＳ（一株当たり利益）に対してＰＥＲが15倍に相当します。

８月１日時点でわかっていた月次は６月分までですが、既存店は２・５％減でした。

同社の既存店は２０１１年の６月にプラスに転じてから、いったん８月にマイナスとなりましたが、その後２０１２年４月までプラスが継続していました。

５月に０・８％のマイナスとなっていましたが、５月は前年と比べて土日が２日少なかったので、実質的にはプラスと考えてもおかしくはありません。

しかし、６月以降は前年の既存店水準がすでに高くなっており、その水準を超えられなかったわけですから、先行きが厳しくなっていることになります。

そこで、過剰評価となっていたバリュエーションが調整を始めたということになります。

結論を言えば、既存店が多少不振でも、新店で売上高が伸びれば、利益も伸びます。

しかし、それまで高い売上げ成長、利益成長を期待して高いバリュエーションで買っていたわけですので、その期待値が下がると、バリュエーションも当然下がることになります。

それゆえに、月次の既存店伸び率をトレースすることは、決算をトレースすることよりよほど重要なのです。

第5回
月次データのフォロー法
一覧表を作成して気になる銘柄をチェック

ここまで読まれて、月次をフォローすることのメリットを体感されたのではないでしょうか。

ただし、「それでは皆さんも月次をフォローしましょう」、と言われても、実際にはどうしていいかわからないと思います。

そこで、今回は月次データのフォローの仕方についてお話しします。

まず、月次データをどこで知るかということがあります。

日々公表されるさまざまな企業の月次データが取れるのが、**「流通ニュースの月次売**

上」というサイトです。

ただし、このサイトは今日どんな企業が、月次を公表したかチェックするために使うサイトです。

それよりも使い勝手がいいサイトとして、**「フードビジネス総合研究所の外食大手月次売上速報**」というものがあります。

これを全部フォローするのは不可能ですので、自分で銘柄を絞り込んで、最初は数銘柄からフォローするのがいいでしょう。

そして、**図表7**にあるように表にしておきます。

この表を使って月次の変化をチェックします。

個別企業ごとに良くなっているのか、悪くなっているのかのチェックです。

いろいろなやり方が考えられますが、ここでは全体を比較して、前月に比べて伸び率が大きく高まった企業に色を付けています。もっとも、ここではザクッとチェックするだけで、実際は個別企業ごとに、改めてチェックしていきます。

なお、企業ごとにおおよそ月のどの時期に公表するか決まっていますので、それもチェックしておく必要があります。

これまで示してきたチャートでもわかりますように、かならずしも月次データが公表された瞬間に株価が動くというわけではありませんから、多少の時差は気にしなくてもいいと思います。

また、個別企業ごとにインターネットの検索エンジンで、「**企業名　ＩＲ　月次**」と検索すれば、大方その企業の月次のページが見つかります。

さらに、その企業のホームページでメールアドレスを登録しておくと、ニュースを流してくれる企業もありますので、登録しておくといいでしょう。

それと、直接は関係ありませんが、ネットでいろいろな探し物、買い物をするときに重宝するのが**フリーメール**です。

たとえば、知り合いや友だちとやり取りするメールに、さまざまなセールスレターやメルマガが大量に来ると、うっとうしかったりしますよね。

そこで、フリーメールアドレスをいくつか持っておくと好都合です。

そして、日常用、企業のIRニュース用、株式メルマガ用など、目的別に分けておくととても便利です。


さらに、捨てアドといって、必要な無料レポートをダウンロードするときに、メルアドを登録すると後から不要なメルマガがきますよね。

そこで､それらの不要なメルマガ専用のアドレスも一つ持っておくと､たいへん便利です。

普段使っているアドレスを登録したくないばかりに、必要な情報をダウンロードしないのでは、せっかくインターネットを使っている意味がありませんよね。

フリーメールはYahoo、Googleなどさまざまな企業のサイトから取得できますので、誰でも簡単に登録できますし、いちいち削除しなくても済むので便利です。

図表 7：月次データフォロー表

	コード	2014年 1月	2月	3月	4月	5月	6月	7月	8月	9月	10月	11月	12月
NEXT（全店）	2120	20.9%	21.3%	20.3%	16.4%	8.0%	15.9%	10.1%	12.3%	16.0%	13.4%	17.1%	13.8%
柿安本店（全業態:既存店）	2294	2.3%	0.2%	2.3%	-2.9%	4.7%	0.5%	0.8%	3.6%	-1.7%	-3.0%	-2.0%	-0.6%
ファンコミ（全社:単体）	2461	64.1%	50.6%	64.9%	55.7%	48.8%	42.1%	26.5%	27.2%	28.1%	34.1%	33.8%	20.2%
ローソン（連結）	2651	-0.8%	1.2%	2.5%	-1.7%	-0.6%	-4.7%	-2.6%	-1.5%	-1.5%	-0.9%	-1.8%	-1.5%
日本マクドナルド	2702	3.4%	-8.7%	-2.6%	-3.4%	-2.4%	-8.0%	-17.4%	-25.1%	-16.6%	-17.3%	-12.3%	-21.2%
ハローズ	2742	-0.5%	1.5%	5.6%	-6.0%	0.6%	-2.3%	-2.6%	-2.6%	-3.3%	-1.4%	2.3%	-2.0%
フジオフードシステム	2752	3.9%	2.5%	4.8%	2.8%	3.1%	1.4%	0.5%	0.9%	-4.8%	-3.1%	0.1%	-1.8%
あみやき亭（焼肉）	2753	4.7%	1.4%	3.4%	3.3%	8.7%	-0.7%	2.0%	5.7%	0.2%	8.0%	12.5%	-1.4%
セリア	2782	3.1%	1.9%	13.7%	2.1%	4.1%	1.3%	0.9%	2.7%	1.5%	0.5%	-0.6%	-3.5%
ロック・フィールド（RF1）	2910	0.4%	-4.8%	2.8%	-2.4%	-0.3%	-2.5%	-2.8%	0.3%	0.5%	0.9%	1.6%	1.1%
物語コーポレーション（全体）	3097	8.7%	-0.3%	4.7%	1.2%	5.9%	0.7%	3.1%	7.1%	2.8%	4.1%	7.6%	0.7%
クリエイトSDHD	3148	2.7%	1.9%	23.2%	-9.3%	-4.4%	-0.7%	-2.0%	-1.0%	0.1%	1.5%	-0.5%	1.0%
エー・ピーカンパニー	3175	0.9%	-6.3%	-2.6%	0.8%	-2.4%	-8.1%	-7.5%	-3.9%	-5.4%	-4.0%	-7.6%	-4.9%
コスモス薬品	3349	2.8%	2.7%	15.2%	-10.5%	0.5%	1.3%	1.[illegible]%	2.3%	2.2%	2.1%	0.6%	1.8%
ツルハ（15日）	3391	-0.3%	-2.2%	7.1%	13.2%	-8.9%	-5.8%	-3.7%	-0.4%	-1.1%	-1.1%	0.4%	1.3%
トリドール（丸亀製麺）	3397	-3.1%	-12.5%	-8.1%	-8.3%	-4.2%	-7.2%	-1.3%	15.7%	9.7%	16.4%	11.2%	10.8%
クスリのアオキ（20日）	3398	8.1%	8.4%	16.0%	14.7%	-4.6%	-0.1%	4.3%	7.4%	2.4%	4.9%	7.1%	5.3%
ドン・キホーテ	7532	-1.3%	-2.3%	16.7%	-4.5%	0.7%	-0.5%	1.4%	2.3%	5.0%	8.3%	7.1%	4.3%
ゼンショー（すき家）	7550	-1.0%	3.9%	8.3%	-1.4%	8.1%	4.3%	7.0%	5.8%	6.6%	3.3%	1.5%	3.5%
サイゼリヤ	7581	-1.5%	-7.5%	-3.3%	-2.8%	-0.6%	-4.8%	-2.8%	-1.3%	-2.4%	-1.2%	1.8%	-2.3%
ファミリーマート	8028	1.5%	3.4%	2.7%	-3.0%	-1.6%	-1.0%	-0.7%	-3.0%	-0.8%	-0.7%	-1.7%	-1.1%
ヤオコー	8279	3.4%	7.6%	10.9%	1.5%	6.1%	5.0%	5.7%	7.5%	4.5%	5.9%	6.9%	5.6%
ニトリ（20日）	9843	12.7%	6.5%	27.0%	15.1%	-7.5%	-3.4%	-5.4%	5.5%	5.3%	-3.5%	-6.0%	-2.4%
王将フード	9936	0.9%	0.4%	0.4%	-0.9%	0.2%	-3.8%	-2.6%	-2.6%	-2.7%	-0.5%	-2.0%	-9.2%
プレナス（ほっともっと）	9945	1.7%	3.3%	2.5%	1.4%	2.8%	2.6%	-0.2%	-0.7%	-6.1%	-3.6%	1.1%	-0.4%
アークス	9948	-0.1%	2.0%	9.6%	-8.2%	-2.0%	-2.6%	-[illegible].9%	0.3%	-3.5%	-1.4%	0.6%	-2.7%
日本スーパーマーケット協会		0.1%	2.4%	7.2%	-2.9%	1.0%	0.7%	0.4%	1.9%	0.7%	1.2%	1.2%	1.2%

第6回

2度あることは3度ある：続・トリドールのケース

月次動向の規則性から外れたときは要チェック

ここまではトリドールをサンプルにして、月次データの活用法を解説してきました。
でも、トリドールはこれで終わりませんでした。
再び、トリドールの月次で大きく儲けることができました。

ここでいったん、これまでの月次と株価の関係を整理しておきます。
図表8をご覧ください。月次と株価の関係を一目でわかるように整理しました。
図の点線が既存店月次の前年同月比で、実線が株価の推移（月末値）を示しています。
ただし、イレギュラーな数値を除くために多少、月次データを調整しています。
それは、**2011年3月の大震災の影響を排除する**ための調整です。

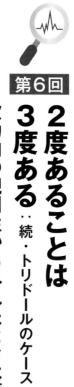

大震災があった月は、同社の店舗も影響を受け、異常に落ち込みが大きくなっています。逆に2012年3月は、当然のことながら異常にいい値が出ています。

しかし、これは一時的なイレギュラーなもので、その値があると正しくトレンド変化を見ることはできません。

そこで、図自体からその意味のない変動を取り除くため、2011年と2012年の3月の値は、それぞれ2月と4月の平均値を使っています。

こうすると、余計なかく乱要因を除いて、正しいトレンドを見ることができます。


さて、この図からも完全に**月次データが株価に先行している**ことがわかります。

これは、すでに説明してきたように、月次が業績公表に先行するためです。

このことが十分理解できれば、**月次がジャンプアップしたら「買い場」**、**月次がピークを付けて下がったことが確認されたら、「売り場」**を考えるということになります。

この場合、月次が悪化してもすぐに売る必要がないことも多いのです。

たとえ月次が悪化したとしても、しばらくはその後に出てくる決算がいいので、株

図表８：トリドールの月次と株価

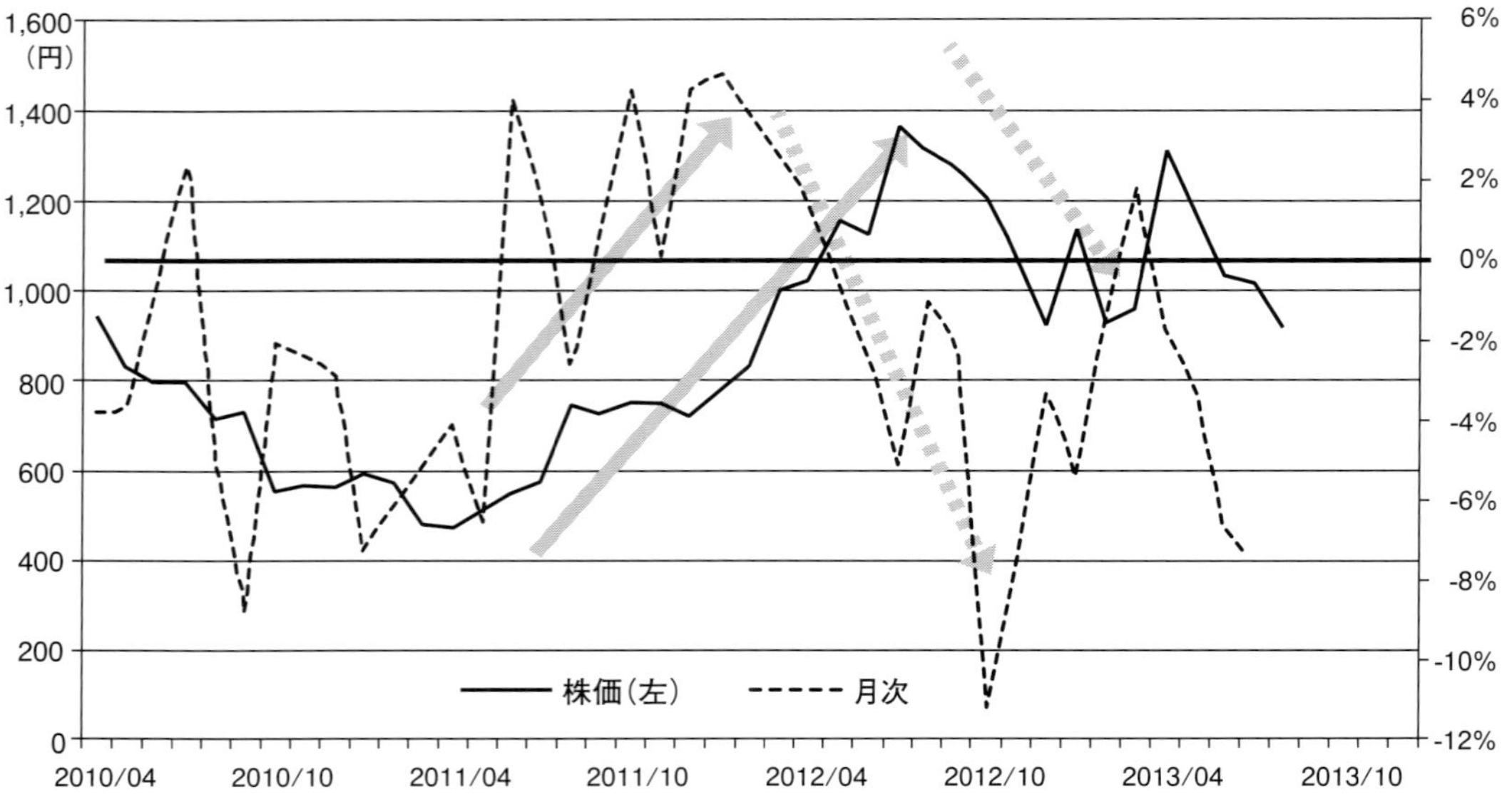

＊ただし、既存店月次の2011年3月、2012年3月の値は、震災の影響を除くため、ともに2月と4月の平均値を用いている。

価が買われることが多いためです。

実は、同社の場合、その後もここまで述べてきた条件にぴったりと当てはまる投資タイミングがやってきました。

図表9にあるように2014年8月の月次が、それまでのマイナスからいきなり15%増となりました。

これまで説明した過去のパターンから言えば、即、「買い」ということがよくわかります。

そこで、8月の月次データが公表された9月初旬に「買い」のレポートを出しました。

ここまで解説した過去のパターンから言

図表9：トリドールの月次データ3

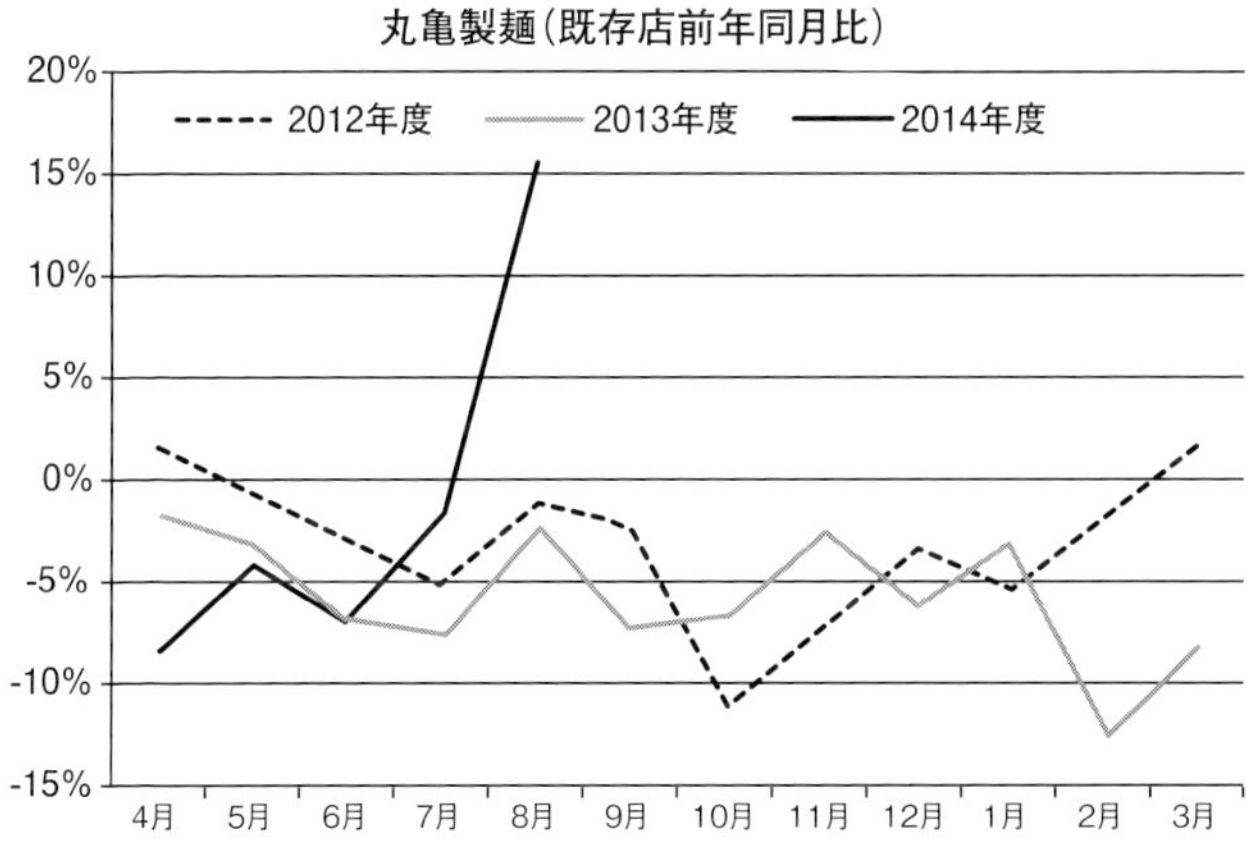

えば、即、「買い」なのですが、やや過去と違ったのは、それまでの株価動向でした。今回の月次がジャンプした背景は、季節限定商品を発売し、全国ネットのTVCMを流したことでした。そのため、すでに8月中にTVCMが流れており、当然それによって同社に注目する人が増え、株価もすでにかなり上昇していました。

図表10の株価チャートを見てください。

TVCMによって、8月の月次が公表された時点までの1カ月で株価が30～40%上昇していたため、その時点での「買い」を躊躇した人がいたかもしれません。

ただし、2011年7月初旬に6月の月次データがジャンプアップしたことがわかったときも、5月30日のザラバ中、6月5日に全国ネットのバラエティー番組に丸亀製麺が取り上げられるという会社公表があり、7月初旬の6月の月次が公表されるまでにかなり上がっていたのです。

2011年の時は、5月30日の寄り付き9万3700円に対して、引け値は9万7300

円であり、２日後には11万２０００円までありました。

まさにこれは、短期勝負の面々が付けた高値ということになります。

その10日ほど後に、株価は９万６２００円まで下げ、６月の月次が公表された日の寄り付きは11万２８００円、引け値は11万４２００円で、３日後には12万２０００円までありました。

そして、日経新聞が第１四半期の決算観測記事を掲載したのが７月30日（土）であり、７月29日の引け値は11万４６００円でした。

その意味では、会社側によるテレビ報道の事前告知で株価は20～30％上がってしまい、月次のジャンプアップでは、結果的にはそんなに大きく株価が上がっていないことになります。

しかし、業績好調という観測記事が出た週明けの月曜日（８月１日）の寄り付きは11万８０００円で、引け値が12万６９００円となり、月半ばには高値の16万２０００円を付けています。

このときで言えば、６月の月次のジャンプアップが判明してから、１カ月ほど適度な株価水準での買い場が続いたということになります。

さて、2014年の場合はどうであったでしょうか。

図表11は、その後のトリドールの株価推移を示したものです。

この図の**D**の部分が、8月の月次のジャンプアップが確認された時点ですが、多少、材料出尽くし感で調整するものの、即、「買い」というスタンスが正解であったことがわかります。

そして、その後の月次は**図表12**にあるように2015年の7月まで丸1年間高水準が続きました。

しかも、前年度の水準が大きくジャンプアップした8月も実は若干ながらプラスをキープしています。

これまで同様、8月初旬に第1四半期決算（2015－1Q）が公表され、14・6％増収、36・8％営業増益と当然ながら好業績でした（**図表13**）。

そのため、その時点で数日間急騰し、前年来の高値を更新しました。

図表10：トリドールの株価推移3

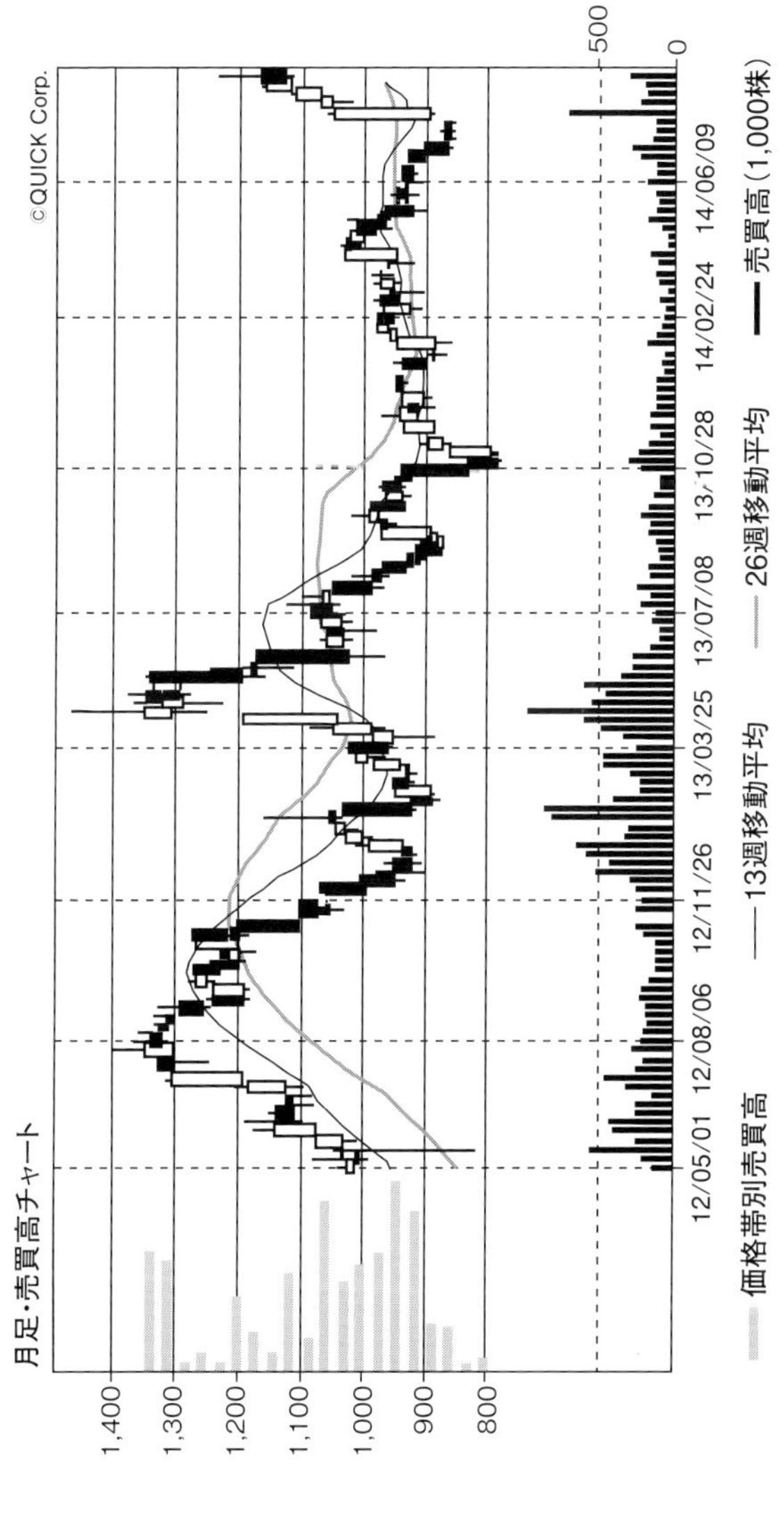

図表 11：トリドールの株価推移 4

月足・売買高チャート

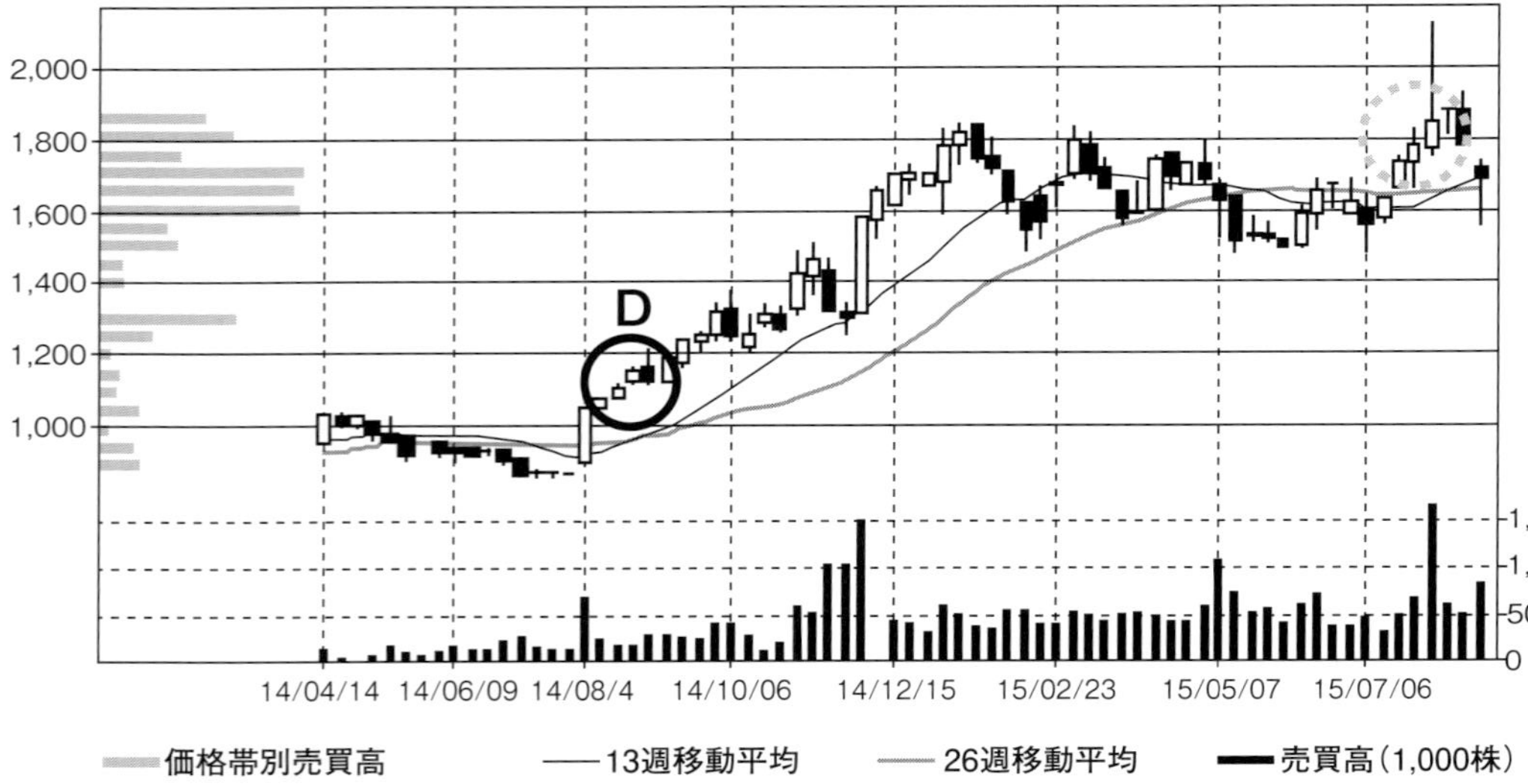

図表12：トリドールの月次データ４

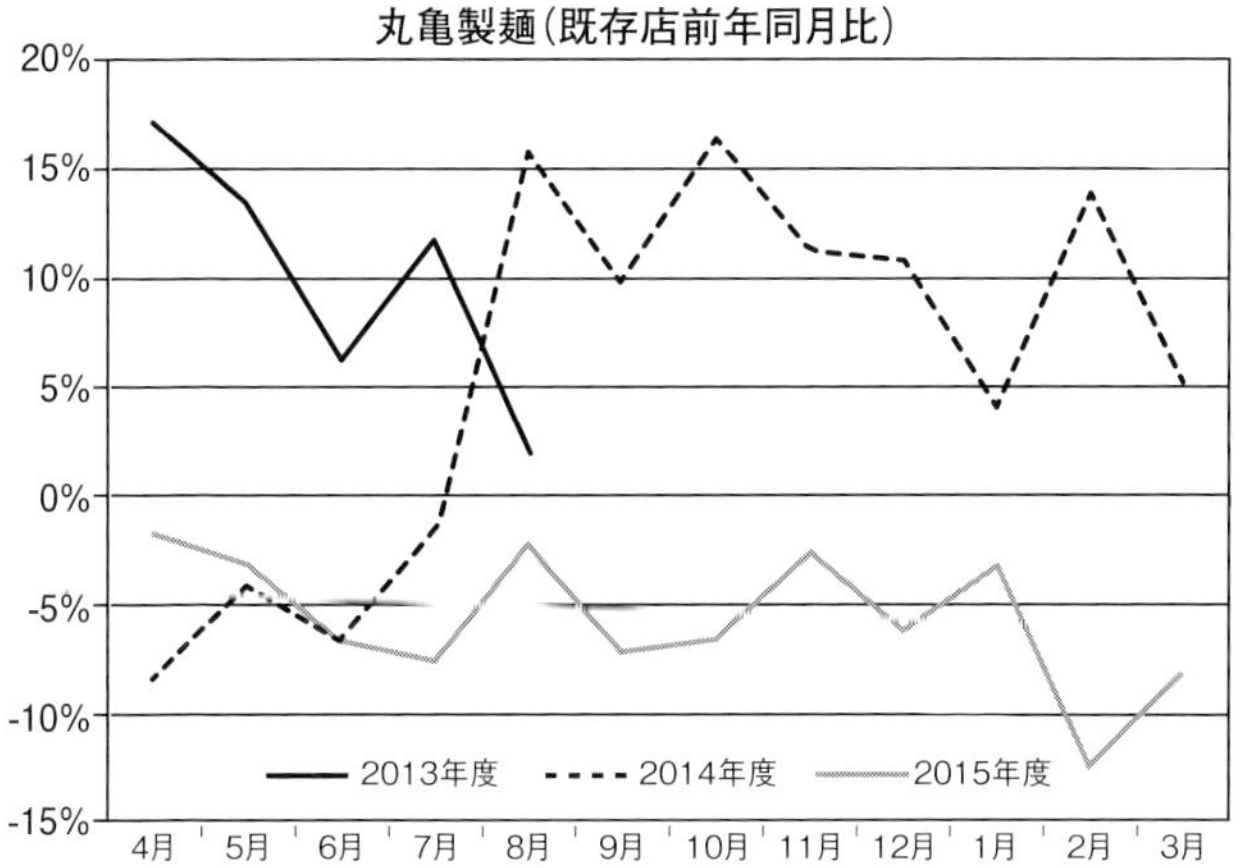

２０１４年９月初旬に１１００円台で株を買って、１８００円から２０００円で売って、めでたしめでたしとなりました。

まさに、今回も過去の経験則にのっとった動きをしたことになります。

前回の場合、今回とは多少月次のジャンプアップの時期が異なりますが、前回は月次がピークを付けて、株価がピークを付けるまでには半年ほど要しています。

そこで、今回はとりあえず決算発表で株価が急上昇したので、ここでいったん売却もいいでしょう。

……と、ここまでは、ほぼシナリオ通りだったのですが、第1四半期決算公表の直後に公表された7月の月次は、実はちょっと予想外なものでした。

前年8月の月次のジャンプアップ以降の月次動向をたどってみますと、ある規則性が観察されます。

同社の2015年来の戦略は2カ月に1度季節限定商品を発売し、2カ月間その商品を継続販売するのですが、基本的な発売パターンは奇数月の月末に発売し、偶数月に全国TVCMを流し、翌月にはやめて、再び月末に新製品を出すというものです。

その結果、偶数月の既存店前年同月比が高水準となり、TVCMをやめる奇数月は前月水準から5%ほど落ち込むというものです。

ただし、その時の季節限定商品が顧客に支持されると伸び率が高水準となり、支持されないと低水準の伸びにとどまるということはありました。

もっとも、それでも基本的にはTVCMを行う偶数月の伸び率が高く、奇数月は必ずそれより低くなるというものでした。

商品を見て、あっ、これはだめだなと感じた2014年12月は案の定伸び率が低下しましたが、2月、4月と再び持ち直しました。

ただし、6月は再び高いはずの月でしたが、きわめて低水準に終わり、7月は奇数月ですから、さらに下がるのかとみていました。

ところが、7月は奇数月でありながら、高水準の月次となり、目論見が完全に外れています。

背景には、ここ1年やってきた2カ月に1度の新製品攻勢に加えて、奇数月には「丸亀製麺」そのもののブランド広告を打ち出し始めたことがあります。

もちろん、その分広告費がかかっていますので費用は増えますが、それは前年度も同じで、このことを吸収してありあまるほど利益が伸びました。

その意味では、今回ばかりは割り切れるものではありません。

前回0がいきなり1になったのでインパクトが大きく、今回は1が2になるもので

図表 13：トリドールの業績 3

決算期		売上高	伸率	営業利益	伸率	税前/経常	伸率	純利益	伸率
(連結)		百万円	%	百万円	%	百万円	%	百万円	%
2013/9中間	実績	39,659	13.6	2,689	-36.8	2,612	-37.1	681	-68.5
2014/3下	実績	38,659	7.4	2,325	-16.6	2,312	-16.1	168	-84.5
2014/9中間	実績	43,243	9.0	3,990	48.4	3,873	48.3	880	29.2
2015/3下	実績	44,051	13.9	3,574	53.7	3,121	35.0	1,760	947.6
2015/9中間	会社予初	46,595	—	3,276	—	3,215	—	1,858	—
2016/3下	会社予初	45,602	—	1,979	—	1,922	—	1,117	—
2013/3期	実績	70,906	16.1	7,045	4.5	6,910	6.4	3,247	6.5
2014/3期	実績	78,318	10.5	5,014	-28.8	4,924	-28.7	849	-73.9
2015/3期	実績	87,294	11.5	7,564	50.9	6,994	42.0	2,640	211.0
	会社予再修	84,803	8.3	3,900	47.6	3,628	52.8	1,762	80.2
	実績	87,294	11.5	4,175	58.0	3,614	52.2	2,011	105.6
	実績	83,479	8.8	8,144	41.2	8,096	44.0	2,467	49.8
	会社予想初	84,000	7.3	6,200	23.7	5,890	19.6	1,700	100.2
2016/3期	会社予想初	92,197	5.6	5,255	25.9	5,137	42.1	2,975	47.9
	会社予想初	86,860	4.1	8,168	0.3	8,108	0.1	3,600	45.9
2014-1Q	実績(3カ月)	20,018	3.3	1,577	10.7	1,380	-0.9	522	-15.9
	実績(3カ月)	20,019	—	1,144	—	928	—	384	496.7
2014-2Q	実績(3カ月)	23,225	14.5	2,413	90.8	2,493	104.3	358	274.3
2014-3Q	実績(3カ月)	22,447	16.7	1,895	114.6	1,824	111.4	1,254	
2014-4Q	実績(3カ月)	21,604	11.2	1,679	16.4	1,297	-10.5	506	-403.0
2015-1Q	実績(3カ月)	22,932	14.6	1,565	36.8	1,526	64.4	925	140.9
	実績(3カ月)	22,932	14.6	1,895	20.2	1,828	32.5	977	87.2

すから、インパクトはそれほど大きくないだろうと思っています。

もっとも、投資の世界は、結構規模は重要なところがあり、営業利益の50億円が100億円になるのと100億円が150億円になるのでは、後者の方が注目されます。実際は前者の利益は倍で後者は50%増で、株価もそれと似たようなパフォーマンスですが、規模が大きく、良くなって時間が経過する分、話題性は後者が勝るのです。

ただし、1年前から見ている立場で言えば、依然株価上昇余地はあるものの、あえてここから新規で投資をしようという気持ちにはならず、なおも保有している人がいれば、一部残して、今後の株価動向にかけてもいいかな程度の結論としています。

さて、ここまでトリドールという一企業で繰り返し、月次が使えることを確認してきました。しかし、この月次は本当にさまざまな企業で、さまざまなタイミングで利益を生み出しますので、ここから先は別々のパターンで、月次データが役に立った例についてお話ししましょう。

コラム

株式投資とギャンブルの違い

株式投資の本質はギャンブルではありません。しかし、基礎知識がないために、せっかくの株式投資をギャンブルにしてしまっているのです。一方で、株式投資にはギャンブルになりやすい要素もあります。

物事の本質とギャンブル性

株式投資はギャンブルであると思っている人は非常に多いでしょうが、それは本質ではありません。パチンコ、競輪、競馬はギャンブルの代表です。麻雀や花札はギャンブルで、トランプはギャンブルというイメージが、あまりありません。

実は、世の中で行われていることの、ほとんどすべてのものはギャンブルの対象になります。野球、相撲、サッカーなどから始まって、オリンピックでも選挙でもギャンブルになります。しかし、それらの本質はギャンブルではありません。ただ単に、ギャンブルの対象にする人がいるということです。するると、ギャンブルかギャンブルでないかは、そのものの本質より、そのものでギャンブルを行うか、行わないかということになります。そして、ギャンブルには損をする可能性が高いという意味合いもあります。結果的に、個人投資家の多くは株式投資を行っているのではなく、ギャンブルを行っているので損をする人が後を絶たないのです。

株式投資は投資とギャンブルの境目が不明確

根本的に物事の本質がギャンブルではないとしたら、ギャンブルかギャンブルでないかの境目は、どこにあるのでしょうか？

多くの場合、それはお金をかけているか、かけていないかということになります。先に述べたサッカーや野球、選挙などは、お金をかけなければギャンブルにはなりえません。また、競馬、競輪、パチンコなどは、初めからギャンブルとしてお金をかけますからギャンブルになります。

麻雀もお金をかけずにやることは少ないでしょう。トランプはお金をかければ明らかにギャンブルです。商品先物は、事業者がヘッジ機能として使う場合はギャンブルではないのですが、事業者ではない人は、はなからギャンブルです。

ところが、株式投資の場合、投資としてお金を投じた段階ではギャンブルでなくとも、お金を投じるわけですので、うっかりしていると途中からギャンブルになりやすい面があります。

一方、同じ投資でも不動産投資や現物の金投資の場合、ギャンブルにはなりにくいものです。

これらの投資と株式投資の差は何かというと、実は株式投資の最大のメリットである換金性にあります。換金しやすく、取引コストが低く、日々価格がわかるメリットがあるため、逆にギャンブルになりやすいのです。

不動産投資であれば、日々の価格変動が瞬時にはわかりませんし、換金するには時間がかかりますから、短期で売り買いをしようという気にはなりません。つまり、株式投資でもたまにしか株価を見なければ、ギャンブルにはなりにくくなります。

もう一つの株式投資の罠は、株式投資であれば実はギャンブルを行っていても、他人には投資を行っているように思わせることができるという面があります。たとえば、競馬で生活しているということを堂々と言う人は、株式投資で生活しているという人よりずっと少ないと思います。それは、競馬は誰から見てもギャンブルですが、株式投資がギャンブルかギャンブルでないか、他人からはわからないためです。

実は、同じく株式の売り買いをしていても、株式投資とギャンブルでは手法が大きく異なります。

ただし、本質をきちんと理解していないと、この区別がつきませんから、ギャンブルをしている

column 2

当人がギャンブルとは気づいていないこともよくあります。

本書では、どうすれば株式投資をギャンブルとせず、いかに株式投資にできるかの一端を解説しています。

ギャンブルは否定せず

考え違いをしていただきたくありませんが、私自身は株式投資でギャンブルを行うことを否定しているわけではありません。私が言っているのは、知識と経験が少ないにもかかわらず、株式投資でギャンブルをすれば、ほぼ間違いなく損をするということだけです。

知識と経験があり、運用資金全体としてリスクをコントロールできるようになれば、大いに株式でギャンブルをすることは結構だということです。それも株式投資の醍醐味だからです。ただし、株式投資を投資として行うより、数段レベルが高いので、初級者はもとより、中級者でもまだ早いと思います。何もわからないうちに、いきなりギャンブルをするのは自殺行為です。

最後は、堂々と株式投資でギャンブルができるところまでレベルを上げましょう。

第7回

業績を変動させる特殊事情：コメ兵のケース

会社への興味が株の動きを読むヒントに

さて、ここまではトリドール（３３９７）を例に解説してきました。

もちろん、これは決してトリドールだけが特殊ということではありません。

ここからはいくつかの銘柄について、さらに月次が投資に役立った例を解説します。

今回の例はリサイクルショップのコメ兵（２７８０）の例です。

図表14で、２０１１年8月の月次が、その前の月の7・7%増からいきなり43・7%増とジャンプアップしました。

同社の場合はトリドールと異なって、なぜそんな数字が出てきたかは、若干知識が必要です。

図表 14：コメ兵の月次データ

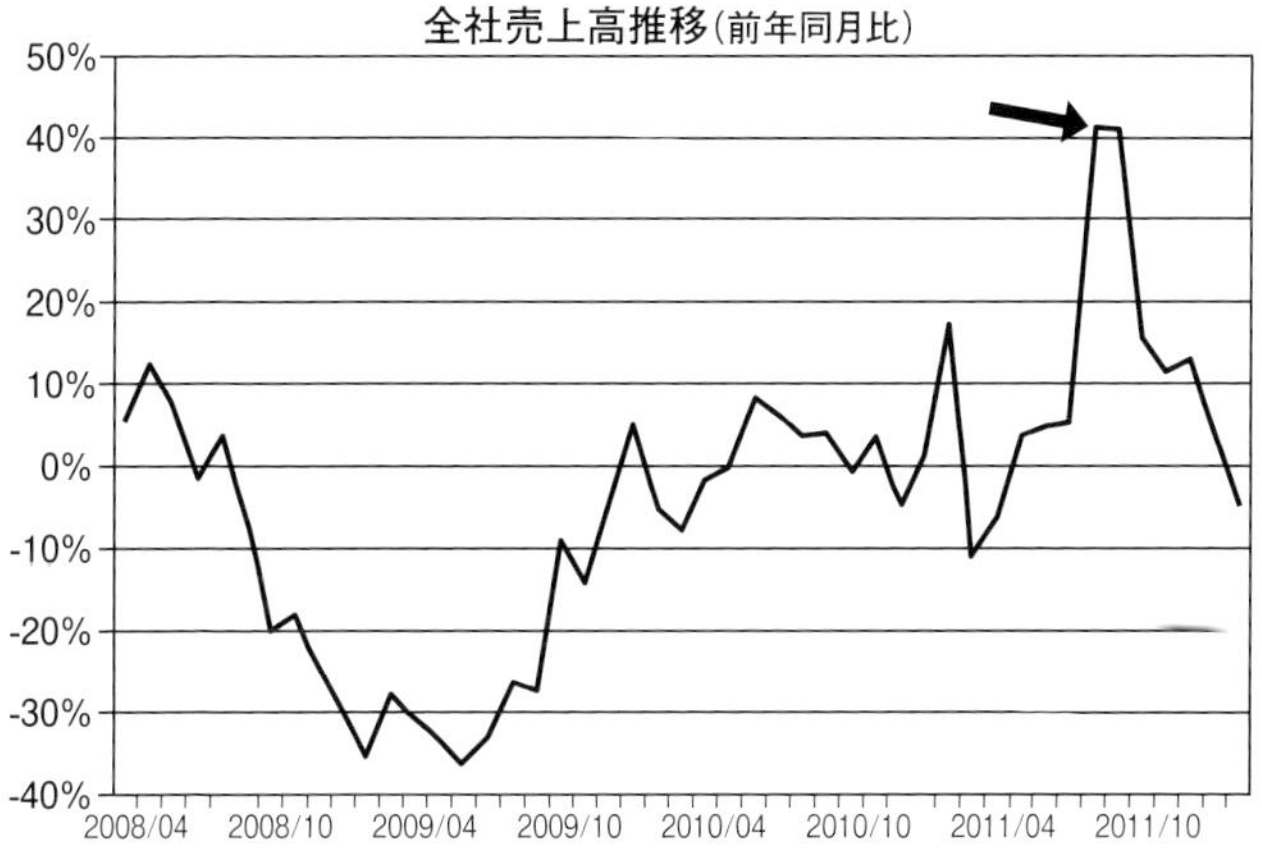

また、月次だけではなく、業績もフォローしておかないと、どうしてそうなのか完全にはわかりません。

それは少し調べてみるとわかりますので、理解したい人は自分で調べる努力をしても結構です。

でも、わからなくても、**すごい数字が出たら素直に乗ってさほど問題ないのが、月次データの使い良さ**なのです。

ところが、業績だけを見ている場合にはそうはいきません。

いい業績が出て乗ったら株価が天井をつけてしまったとか、業績が悪かったので売ったら底だったということはいくらでもあります。

この差は何かというと、**多くの人が業績を参考にしながら株を売り買いしていると**いうことです。

業績に比較すると月次を参考にして売り買いしている人が少ないので、材料出尽くしにならないのです。

逆に言えば、業績は見通しがいい、悪いという観測で事前にも反応することもあるので、出ていったん材料出尽くしということがあります。

しかし、月次は出てからで間に合いますので、業績より投資には大変役に立つのです。

図表15にあるのが、月次データが公表された時点のコメ兵のチャートです。

これが、２０１１年9月10日のことでした。

この月次が出たからと言って翌日から株価が急騰したわけでもありません。

当然、見ている人が皆無というわけではありませんので、上がったことは上がりま

図表15：コメ兵の株価推移1

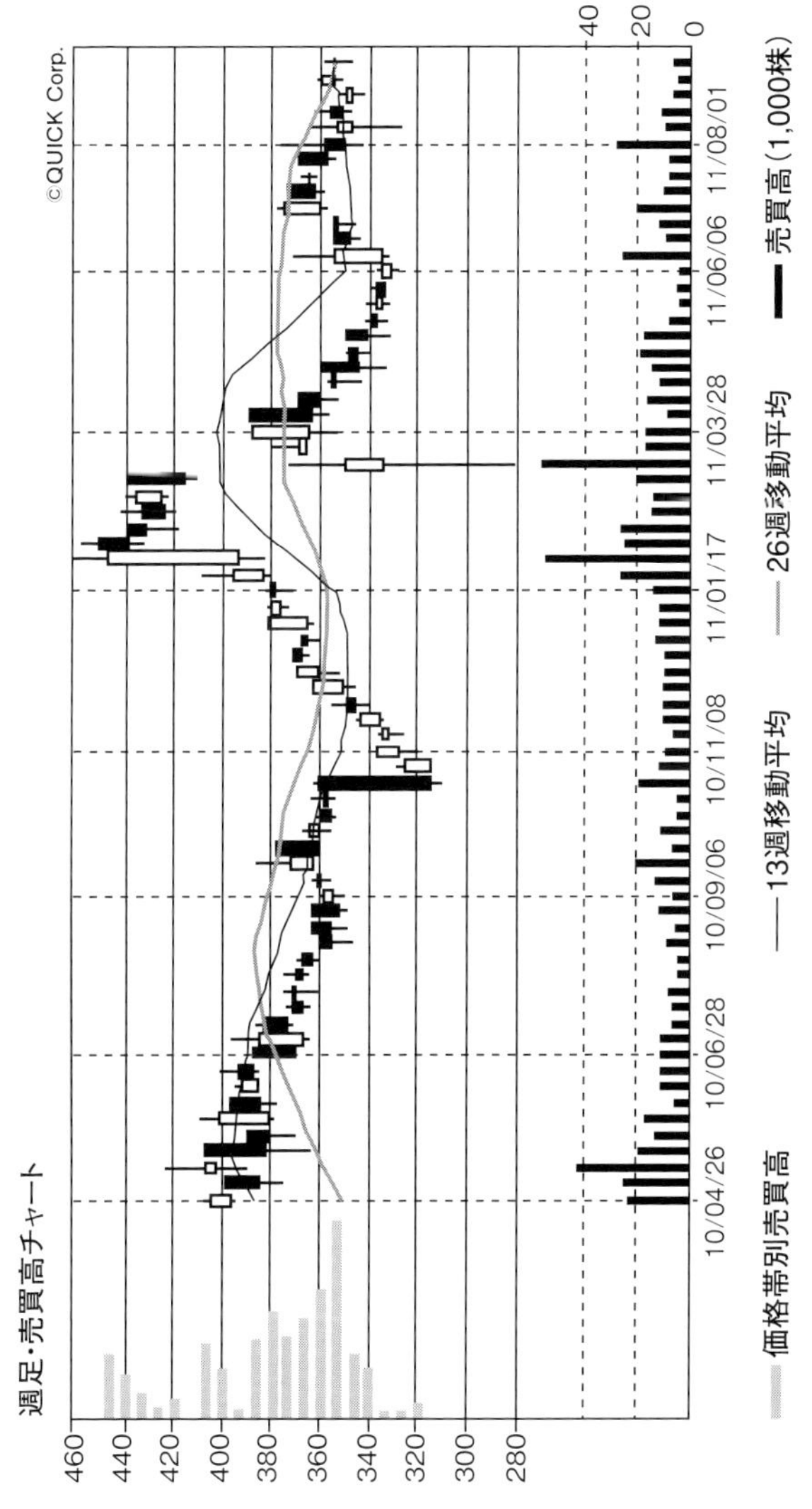

したが、翌日の寄り付きで買えば364円でした。

そして、その後株価は翌年の5月には600円を超えました。

図表16のチャートをご覧ください。

もっとも、ここまでの上昇は若干この銘柄の場合、月次で説明はできませんが。


さて、当時の同社の業績を振り返ってみましょう。

2011年と言えば3月に大震災がありました。そのため、同社は5月に前期決算を発表し、同時に次期予想を公表しましたが、2・9％減収、26・9％営業減益というものでした。

図表17の業績表の2012／3期という欄の一番下の行を見てください。ここに会社の期初の業績予想の数字が載っています。

ところが、4月、5月と事業を行ってみると、震災の影響は思ったほど大きくなかったため、6月13日には増額修正をしました。

図表16：コメ兵の株価推移2

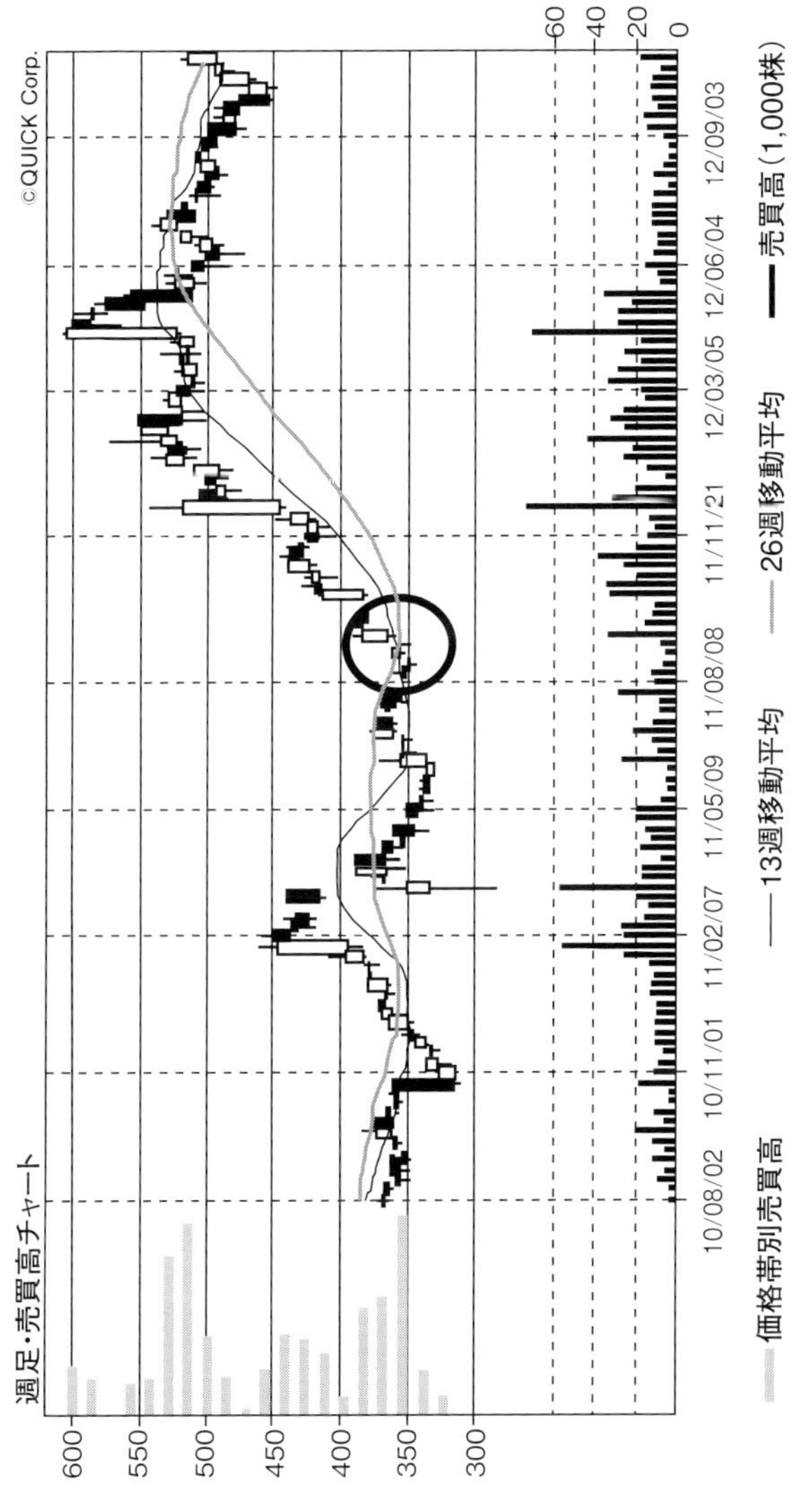

これが1・5％増収、1・2％営業増益というものでした。

ここで、**図表15**のチャートを見てください。

この増額修正を受けて、株価は6月から7月にかけて上がっていますが、10％強の上昇で止まっています。

そして、株価は若干調整して、8月の月次が公表された9月10日を迎えたわけです。


すでに述べたように、7月の月次が7・7％増で、8月が43・7％増ですから、ここまで説明してきたトリドールの例にならえば、ここで「買い」となります。

さて、それから1カ月株価は順調に上昇し、9月の月次発表のころを迎えました。

すると、10月13日の9月の月次公表と同時に、再び増額修正を公表しました。

9月の月次は**図表14**にあるように、8月とほぼ同水準でした。

そして、この時点で上期の業績を6月13日の修正値である0・4％増収、4・8％営業増益から、何と17・6％増収、営業利益2・5倍というものに修正しました。

そのため、株価は翌日からさらに上昇し、11月には500円を超えました。

図表 17：コメ兵の業績

決算期		売上高	伸率	営業利益	伸率	税前/経常	伸率	純利益	伸率
(連結･非連結)		百万円	%	百万円	%	百万円	%	百万円	%
2010/9中間	実績	11,853	5.6	248	-34.7	247	-34.0	137	-37.7
2011/3下	実績	12,867	2.3	701	25.2	688	23.5	387	25.2
2010/9中間	実績	13,935	17.6	619	149.6	619	150.6	334	143.8
	会修10/17	13,935	17.6	610	146.0	310	147.0	326	138.0
	会修6/13	11,900	0.4	260	4.8	254	2.8	144	5.1
	会社予想初	11,015	-7.1	17	-93.1	14	-94.3	5	-96.4
2012/3下	実績	14,979	16.4	749	6.8	750	9.0	427	10.3
2010/3期	実績	23,806	-17.7	940	36.2	931	48.2	529	42.2
2011/3期	実績	24,720	3.8	949	1.0	935	0.4	524	-0.9
2012/3期	実績	28,914	17.0	1,368	44.2	1,369	46.4	761	45.2
	会修10/17	27,300	10.4	1,220	28.6	1,216	30.1	679	29.6
	会修6/13	25,100	1.5	960	1.2	950	1.6	527	0.6
	会社予想初	24,001	-2.9	694	-26.9	686	-26.6	375	-28.4
2011-1Q	実績(3カ月)	5,926	3.2	225	18.4	225	18.4	104	-2.8
2011-2Q	実績(3カ月)	8,009	31.0	394	579.3	394	591.2	230	666.7
2011-3Q	実績(3カ月)	7,718	15.7	486	2.7	490	3.4	249	-9.1
2011-4Q	実績(3カ月)	7,261	17.2	263	15.4	260	21.5	178	57.5

ところが、11月に公表された10月の月次は17・9％増と高水準ではありましたが、9月からは急落となりました。

そこで、月次の観点からはもう株価を追いかけないことにしました。

結果的には、翌年には６００円を超えたのですが、それは月次からはわかりません。

また、後から業績を見ても、月次が急増して営業利益が大きく伸びたのは、まさに8月、９月が含まれる第２四半期だけで、前年同期比7倍ほどになりましたが、次の第３四半期には前年同月比２・７％営業増益と急減速しています。

やはり、トリドールの例にならえば、株価は第２四半期の好業績に刺激されてしばらく好調でしたが、第３四半期に相当する10月、11月、12月と完全にピークアウトしています。

ですから、第3四半期決算が公表される2月半ばまでには売るということになります。

もっとも、月次はピークアウトしたのですが、それでもそれ以前と比較すると、依然高い伸び率でした。

第３四半期決算が出てからどうするか判断するという考え方でも間違いではありません。

結果的に第３四半期決算が公表されて、第３四半期の３カ月の営業利益が２・７％増益と伸び率が大きく低下したので、そこで売ることにしてもよかったことになります。

第３四半期決算公表日１月30日の引け値が５６０円で翌日の始値も５６０円ですから、いいところで売れています。

さて、同社の売上げがなぜ急に伸びたのかだけは、少し解説しておきましょう。

これは金価格の急騰によるものです。

当時は１年半ほどで金価格が40％ほど上昇し、長期的には４、５倍となっていました。

そこで、多くの人が同社に過去に購入した金を持ち込んで同社が買い取ったということです。

金は持っていれば価格下落のリスクがありますので、同社ではすぐ専門業者（例えば田中貴金属）に転売します。そのために、売上高が急拡大したのです。しかし、金の転売は、売上げは上がりますが、利ザヤはわずかなものですから、そのことで営業利益が大きく増えたわけではありません。

これは金を売った人が、気持ちが大きくなって、同社の中古あるいは新品のブランド品を買ったということです。

その後、金価格がしばらくは横ばい圏に入ったため、金を持ち込む人も少なくなり、業績も再びさえないものとなりました。

もちろん、このように深く調べれば、いろいろな状況が見えてくるわけですが、そこまで深く知らなくても、月次データだけで判断しても株は同じように儲かります。

また、こうやって解説を読んでいるだけだとややこしく聞こえるかもしれませんが、実際に株を買ってみれば、自分の保有株にいろいろと興味が湧いて、調べてみたくなる人も多いと思います。

これが月次データを利用することの最大のメリットではないでしょうか。

次回もまた、事例研究に別の銘柄を取り上げて解説します。

DATA	
(株)コメ兵	
本　　社	愛知県名古屋市中区大須3-25-31
資 本 金	18億円(平成27年3月現在)
設　　立	昭和54年
売 上 高	431億円(平成27年3月期連結)
従業員数	553人(平成27年3月期連結)
主な業態	中古品及び新品の宝石・貴金属、時計、バッグ、衣料、きもの、カメラ、楽器などの仕入・販売など

第8回

市場は業績が出てから反応する：フジオフードシステムのケース

素人知識でも株の動きの本質をとらえられる

さて、もう少し同じように月次データだけで儲かったケースを取り上げてみましょう。

今回はフジオフードシステム（２７５２）という会社になります。

図表18のグラフをご覧ください。

最初に気づいたのは、２０１３年８月の月次データが公表された時点でした。

それまでも既存店の月次は好調だったのですが、２０１３年８月に、一気にそれまでの記録を塗り替えたのでした。

その時点の株価は**図表19**のグラフの矢印のところになります。

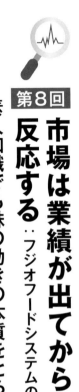

図表18：フジオフードシステムの月次データ1

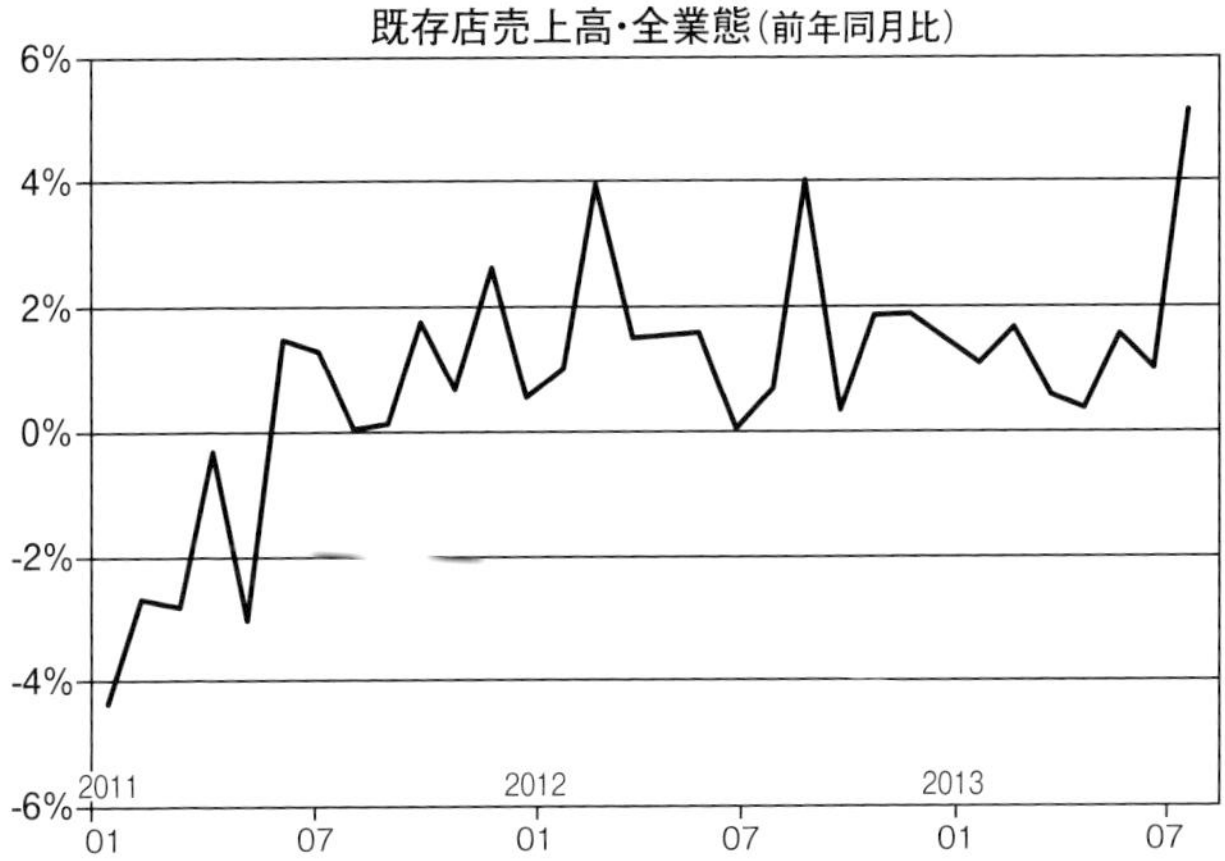

実は月次で言えば、2012年3月や9月の時点で気づいてもよかったのですが、その時点では気づいていませんでした。

株価自体はずっと上昇傾向でしたから、どこで買っても儲かっています。

ただし、気づいていなかったのでは、どうしようもありません。

興味のある方は、ご自身で検証してみてはいかがでしょうか。

ここでは、2013年9月からの検証をします（**図表20**）。

このときは8月の月次データが公表されて、株価がすぐに動いたわけではありま

図表 19：フジオフードシステムの株価推移 1

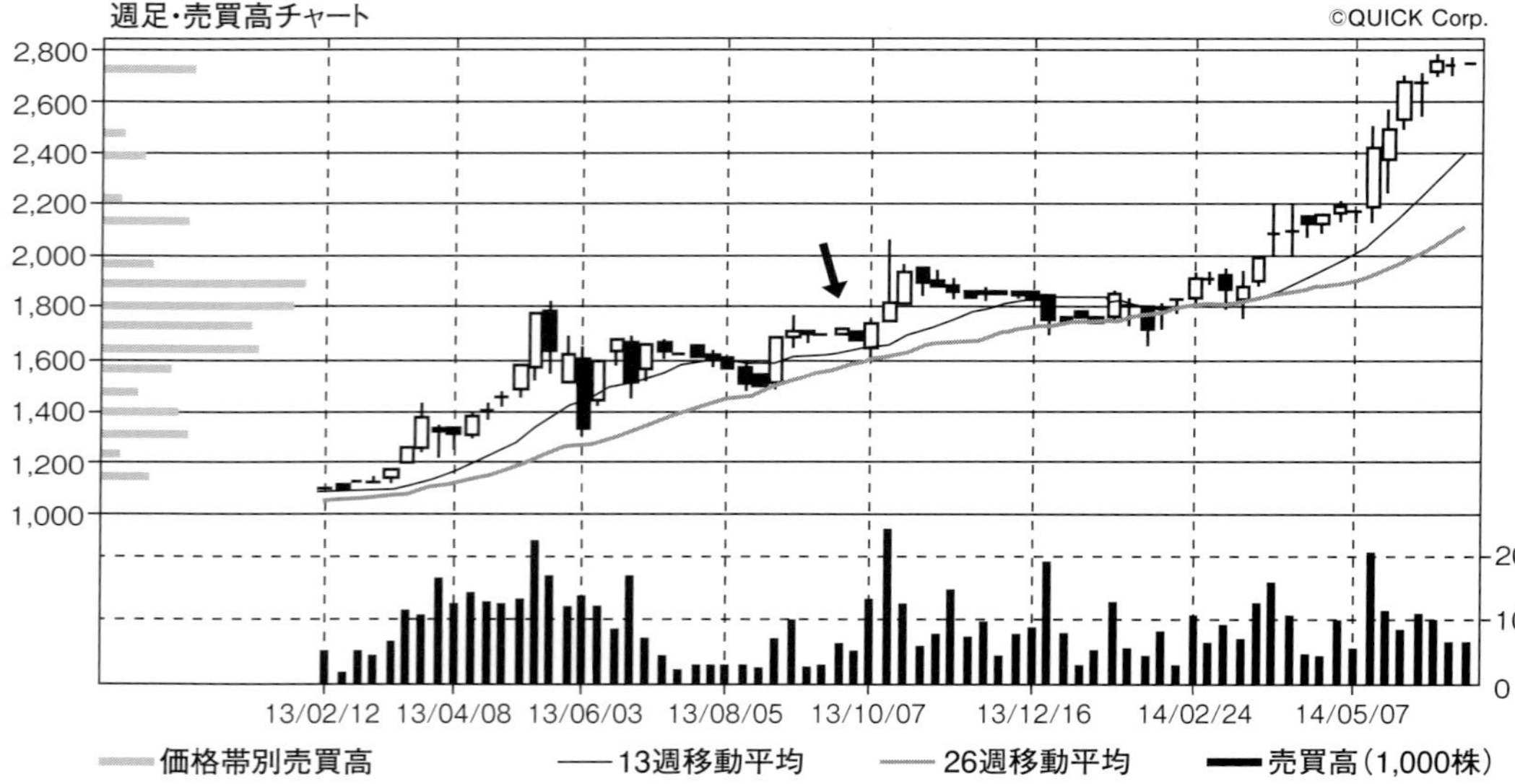

せんでした。

８月の月次が出てしばらくは株価が動かず、そのうち少し動いたところで、９月の月次が公表されました。

９月の月次が８月よりさらに良かったためにさらに株価は上がり、８月の月次データ公表時より株価は20％ほど上昇したのですが、そこでいったん株価は天井を付けました。

その後しばらく株価は動かず、そのときの高値を抜けてきたのは半年ほど後でした。

月次の方は９月にピークを付けたのですが、翌年の５月辺りまでは高水準で推移

図表20：フジオフードシステムの月次データ２

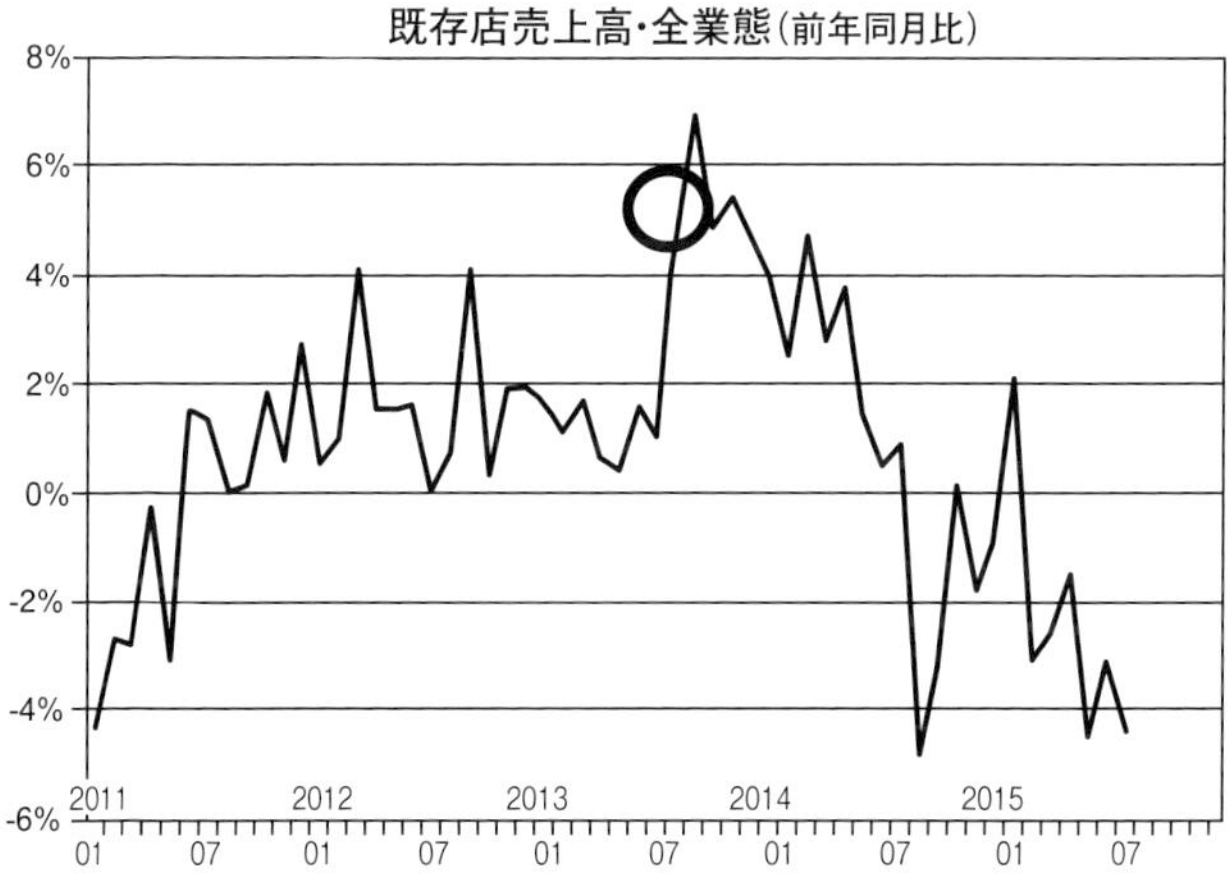

しました。

前年度の月次の水準を見ると順調ではあったのですが、ずっと1%前後で推移していましたので、急上昇した8月までは前年同月比が高水準で推移すると見ていました。ところが6月、7月と伸び率が急低下しました。8月、9月になれば前年度が大きく伸びていますので、月次は大きく低下することが容易に想像できます。

同社の決算期は12月ですから、月次が大きく伸びた2013年の第3四半期（7〜9月）の営業利益は27・2%増と急増しています（**図表21**：2013−3Q）。ところが決算が発表された11月11日、株価はまったくと言っていいほど反応していません。

その後、通期決算が発表されたのが2014年2月12日ですが、株価はその辺りから本格的に上昇し始めます。

図表21：フジオフードシステムの業績

決算期		売上高	伸率	営業利益	伸率	税前/経常	伸率	純利益	伸率	月次
（連結）		百万円	%	百万円	%	百万円	%	百万円	%	%
2013/6上	実績	12,301	11.4	907	4.0	883	9.8	463	31.5	
2013/12下	実績	14,537	23.1	1,222	30.8	1,199	36.4	593	66.1	
2014/6上	実績	14,568	18.4	1.364	50.4	1,322	49.7	744	60.7	
	会社予想初	14,509	17.9	1,007	11.0	976	10.5	487	5.2	
2014/12下	実績	15,918	9.5	1,352	10.6	1,347	12.3	661	11.5	
2015/6上	実績	16,121	10.7	1,105	-19.0	1,080	-18.3	626	-15.9	
2015/12下	会予2Q	17,639	10.8	1,710	26.5	1,665	23.6	824	24.7	
2011/12期	実績	21,031	4.7	1,267	5.4	1,078	5.7	262	黒転	
2012/12期	実績	22,846	8.6	1,806	42.5	1,683	56.1	709	170.6	
2013/12期	実績	26,838	17.5	2,129	17.9	2,082	23.7	1,056	48.9	
	会社予想初	25,700	12.5	2,050	13.5	1,950	15.9	930	31.2	
2014/12期	実績	30,486	13.6	2,716	27.6	2,669	28.2	1,405	33.0	
	会予修2Q	30,700	14.4	2,850	33.9	2,800	34.5	1,400	32.6	
	会社予想初	30,523	13.7	2,544	19.5	2,490	19.6	1,217	15.2	
2015/12期	会社予想初	33,760	10.7	2,815	3.6	2,745	2.8	1,450	3.2	
2013-3Q	実績(9カ月)	19,310	14.1	1,524	12.3	1,491	17.7	829	39.3	
2014-3Q	実績(9カ月)	22,488	16.5	2,042	34.0	2,004	34.4	1,125	35.7	
2013-1Q	実績(3カ月)	6,002	9.8	497	7.6	484	13.6	265	44.0	1.5
2013-2Q	実績(3カ月)	6,299	13.0	410	0.0	399	5.6	198	17.9	0.9
2013-3Q	実績(3カ月)	7,009	19.2	617	27.2	608	31.3	366	50.6	4.4
2013-4Q	実績(3カ月)	7,528	27.0	605	34.7	59[illegible]	42.1	227	99.1	4.9
2014-1Q	実績(3カ月)	7,206	20.1	779	56.7	761	57.2	426	60.8	3.7
2014-2Q	実績(3カ月)	7,362	16.9	585	42.7	561	40.6	318	60.6	2.7
2014-3Q	実績(3カ月)	7,920	13.0	678	9.9	682	12.2	381	4.1	-1.1
2014-4Q	実績(3カ月)	7,998	6.2	674	11.4	665	12.5	280	23.3	-1.6
2015-1Q	実績(3カ月)	8,059	11.8	791	1.5	772	1.4	448	5.2	-0.6
2015-2Q	実績(3カ月)	8,062	9.5	314	-46.3	308	-45.1	178	-44.0	-2.9

まず、2013年第3四半期に営業利益が27・2%伸びたと言いましたが、この数字は第3四半期の3カ月間の前年同期比の伸び率になります。

しかし、会社側が公表するのは9カ月間の累計値です。

このときの9カ月間の累計業績は14・1%増収、12・3%営業増益というものでした。

同社の2013年12月期の通期の会社計画は12・5%増収、13・5%営業増益でした。

しかし、第3四半期までの累計値の営業増益は12・3%増と通期計画を下回っていたため、株価が動かなかったということでしょう。

一方、通期決算では17・5%増収、17・9%営業増益と会社計画を上回って終わりました。

しかも、次期予想が17・7%増収、19・5%営業増益と強気だったことから、株価が動いたのでしょう。

その後5月に第1四半期決算が公表され、20・1%増収、56・7%営業増益であったことから、さらに株価上昇に弾みがついたと考えられます。

もっとも、月次を見ていれば、当然この第１四半期決算も好調であることは、容易に想像がつくことでした。

それにもかかわらず、**株価は業績が出てから反応している**ということです。

このように、月次→業績→株価の関係を見ていると、株価が将来を予想して動いているという、一般的には信じられていることが、いかに間違ったものであるか理解できるでしょう。

月次が出てすぐに株価が反応するようなケースもありますが、業績が公表されてから遅れて株価が反応することの方が多いものです。

じゃあ、月次が出て、すぐ反応するようなときは、どんなときだろう。

「よし、それを調べてみよう……。」

こんな人は**典型的に株で儲からない人**でしょう。

つまり、株式投資をしていて、すぐ儲かることばかり考えている人という意味です。

こういう人は、株式投資を競馬や競輪、パチンコなどと同じレベルでとらえている人です。

株式投資をやっている最終的な目的は、多くの人にとって最終的に資産を大きく増やすことでしょう。

それに対して、短期で儲けることばかり考えている人は、短期で儲けて、それを繰り返せば、短い期間に資産を大きく増やせるという幻想を追いかけているにすぎません。

だから、月次が良かったのに、あるいはその月次が反映した業績が良くても、株価が動かないことがあっても一向に問題はないのです。

結局は**最後に好業績に市場が気づいて株価が動く**のですから、それまで待っていればいいのです。

ここまでの例からもわかりますように、業績を見ていると本質を見ているような気がしますが、ただ漠然と見ているだけでは本質は、わからないのです。

反対に、月次は漠然と見ていても、意外と本質がわかるのです。

その意味で月次データをフォローするということは、**本質がわかったうえで、深い知識がなくても株価もわかる**という点できわめて優れた方法なのです。

さて、２０１４年の６月、７月と同社の月次はそれまでと比較して、予想外に低下しました。

しかし、それでも４～６月の既存店月次の平均値は２・７％増でしたから、その後８月の半ばに公表される第２四半期決算は好業績が見込まれました。

案の定、第２四半期決算も16・９％増収、42・７％営業増益と絶好調でした。

その結果、上期決算は期初計画の17・９％増収、11・０％営業増益を大きく上回り、18・４％増収、50・４％営業増益と大幅な増額修正となりました。

第２四半期決算公表時点で、通期決算も増額修正され、期初計画の13・７％増収、19・５％営業増益が14・４％増収、33・９％営業増益となりました。

このような決算が発表されれば、多くの人が同社は絶好調だなと思うでしょう。

そこでさらに株価が上昇することになります（**図表22**）。

しかし、月次さえ見ておけば、その時点の株価上昇が祭りの後だということが手にとるようにわかります。

第2四半期決算が公表されたのは2014年8月5日でした。

その時点でわかっている月次は6月までで、6月はやや低下したとは言うものの、既存店は1・4％増ですから、悪いというほどではありませんでした。

そのため、第2四半期決算が公表された8月初旬から第3四半期決算が公表された後の11月半ばまで株価は上昇し続けました。

この間、株価は2600円台から3200円ほどまで20％の上昇となっています。

この間には7月から9月の月次が公表されました。

7月は0・5％増と前年がそれほど高くなかったにもかかわらず、かなりの減速となりました。

図表22：フジオフードシステムの株価推移2

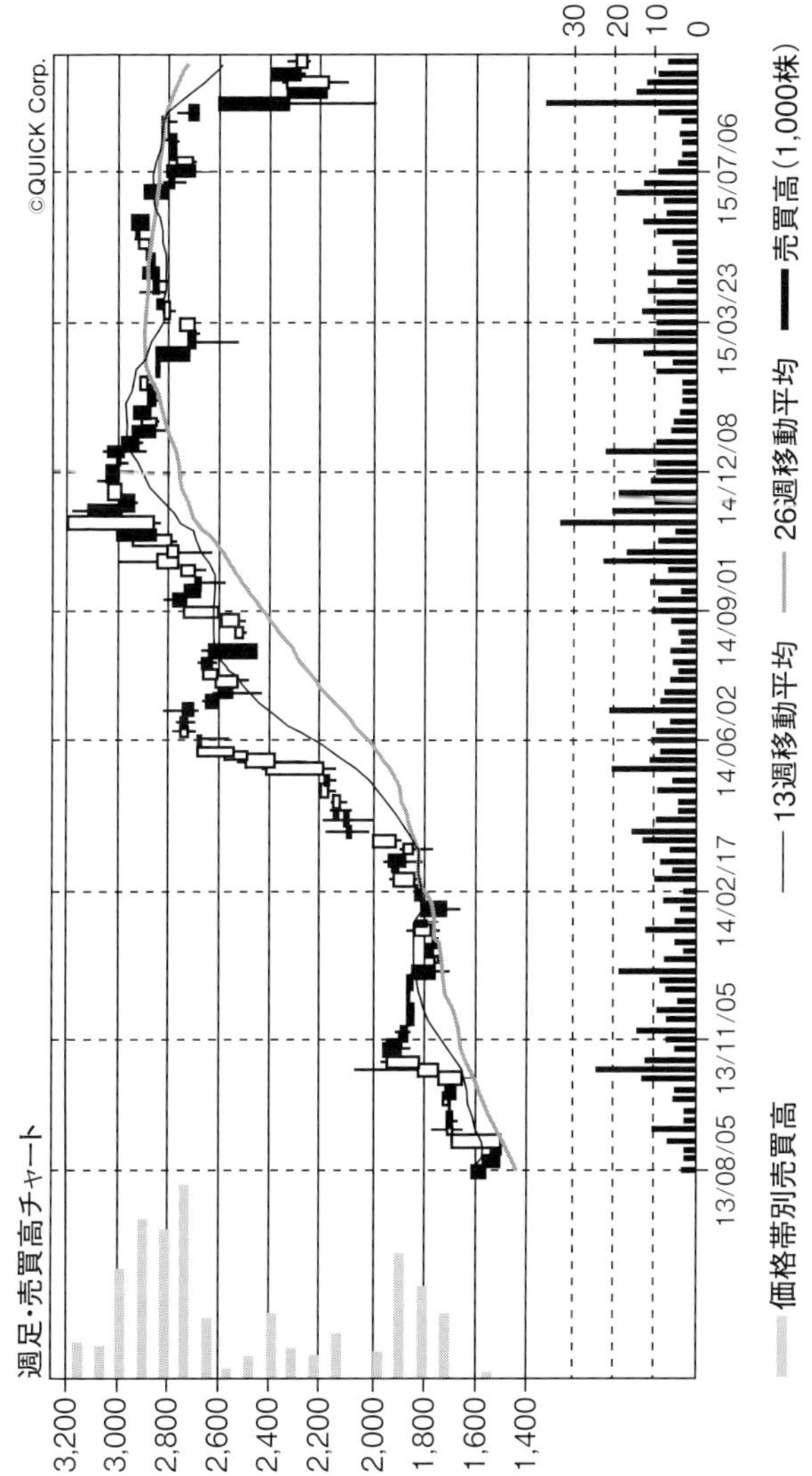

しかし、8月は逆に前年度が5・2％増と大幅に伸びたにもかかわらず、0・9％増と健闘しました。

そして、9月は前年度の伸び率が6・9％増と最大だったこともあり、4・8％減と大幅なマイナスとなりました。

この時点で「ほぼジ・エンド」ということなのですが、株価は9月の悪い月次が発表されてからでも、それからさらに1カ月ほど上昇するのですから、**いかに市場が月次を見ていないか、そして、いかにいい加減か**ということがわかるのではないでしょうか。

その後、四半期ごとの営業利益は第3四半期、第4四半期と10％前後の増益となりました。

また、2015年12月期の第1四半期も1・5％増益ですが、増益を保ちました。

図表20にあるように月次はマイナスが定着していたのですが、業績が好調に見えたこともあって、株価は高値からは若干下がりましたが、比較的高水準を保ちました。

そして、いよいよ運命の時がやってきました。

２０１５年８月14日に公表された２０１５年第２四半期決算は、期初計画の11・１％増収、６・２％営業減益を下回り、10・７％増収、19・０％営業減益というものでした。第２四半期の３カ月のみをとれば、９・５％増収、46・３％営業減益と非常に厳しいものでした。

その結果、株価は大幅に下落することになったのです。

もっとも、第２四半期決算公表が直接的に株価を大きく下げたわけではありません。厳しい決算が公表された８月14日（金）の引け値２８０８円に対して、週明け月曜日の寄り付きは２７２５円と若干は反応していますが、引け値は２７４９円と若干戻しました。

そして、週末でも２６９８円でした。しかし、翌週から株価は急落を始めました。この直接の株価下落要因は、**全体相場の下落**です。

しかし、業績の悪化がはっきりしている株は、買う人があまりいませんので、相場下落時には株価の下げ方が他の銘柄に比較して、よりきつくなってしまうのです。

その面ではマーケット環境によっては、業績が悪化しても株価が急落はしないのですが、業績が悪ければ、相場が多少弱くなっただけでも徹底的に売られてしまうのです。

月次から見れば、すでに**1年も前に「売り」サインが出ている**わけですから、月次データを丹念にフォローしていれば、間違っても2015年に同社に投資することはなかったはずです。

月次、業績、株価の関係を理解してしまえば、株価のおおよその方向性はつかめるのです。

DATA	
(株)フジオフードシステム	
本　　社	大阪府大阪市北区菅原町2-16
資 本 金	15億円(平成27年12月末)
設　　立	平成11年
売 上 高	333億円(平成27年12月期連結)
従業員数	社員数：650人(平成27年12月末)
主な業態	まいどおおきに食堂、串家物語、つるまる、かっぽうぎなど

第9回 全体相場の影響と見切りのつけ方：王将フードサービスのケース

相場の動きは誰もが予測不能

さて、ここまでに何銘柄か、実際に月次データを使って儲かった例を取り上げました。

銘柄ごとに月次データの株価への効き方のパターンが異なることがわかります。

それは当然で、当書では月次と株価の関係、月次と業績、そして株価との関係は見ていますが、個別企業の株価にいやでも影響を及ぼす、相場の強弱にはほとんど触れていません。

一部、フジオフードシステムの例で、月次や業績が悪化しても株価が高止まりしていたが、相場が弱くなった途端に株価が大きく下がったという話をしました。

今回は若干、その点について別の銘柄でも触れておきたいと思います。

図表23：王将フードサービスの月次データ1

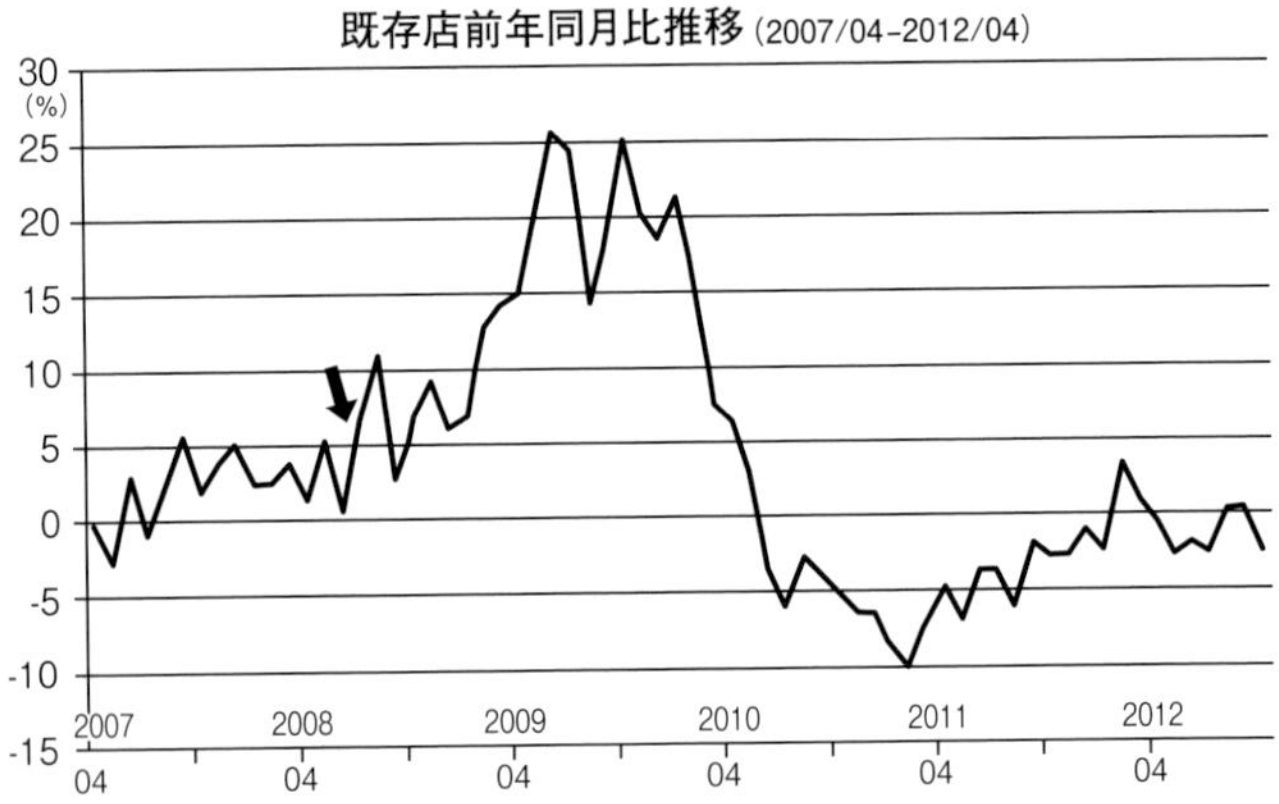

例として取り上げるのは王将フードサービス（9936）です。

図表23にあるように2008年7月の既存店月次が、それまで1年ほどのゾーンを超えて6・6％増と突き抜けてきました（図の矢印）。

この時点の株価は1400円台でした。

既存店月次は8月には11・0％増とさらに大幅に伸びました。

9月には2・3％増といったん伸び率が大きく低下しましたが、それ以降は順調に伸び率が拡大し、2009年6月のピークには25・9％増まで上昇しました。

この間、業績も急拡大しています。**図表24**をご覧ください。

２００８年度第１四半期（2008－1Q）は2・6％営業減益でしたが、月次がジャンプアップし始めた２００８年７月をスタートとする２００８年度第２四半期決算（2008－2Q）は21・３％営業増益と好転し、その後も大幅な増益が1年半にわたって続きました。

ところが、これまで説明してきた銘柄と若干異なるのは、株価がかなり長い間反応しなかったことです。**図表25**をご覧ください。これは同社の月末株価の推移を示したものです。矢印は、２００８年７月の月次が判明した8月の月末株価を示しています。

8月の月次はさらに上昇したのですが、8月月次が

DATA	
(株)王将フードサービス	
本　　社	京都市山科区西野山射庭ノ上町294番地の1
資 本 金	81億円（平成27年3月）
設　　立	昭和49年
売 上 高	758億円（平成27年3月）
従業員数	1,962人（平成27年3月）
主な業態	中華料理レストランチェーン

図表24：王将フードサービスの業績

決算期		売上高	伸率	営業利益	伸率	税前/経常	伸率	純利益	伸率
(連結)		百万円	%	百万円	%	百万円	%	百万円	%
2008/3期	実績	49,767	5.4	5,237	-2.2	5,250	-1.4	2,713	8.5
2009/3期	実績	54,986	10.5	6,088	16.2	6,190	17.9	3,216	18.5
	会社予想初	52,846	6.2	5,393	3.0	5,439	3.6	2,900	6.9
2010/3期	実績	67,287	22.4	10,741	76.4	10,926	76.5	4,927	53.2
	会社予想3Q	66,633	21.2	10,137	66.5	10,301	66.4	4,957	54.1
	会社予想2Q	62,740	14.1	8,652	42.1	8,836	42.7	4,477	39.2
	会社予想初	57,642	4.8	6,558	7.7	6,656	7.5	3,611	12.3
2011/3期	実績	68,360	1.6	9,689	-9.8	9,929	-9.1	5,311	7.8
	会社予想初	71,583	6.4	11,005	2.5	11,206	2.6	5,909	19.9
2008-1Q	実績(3カ月)	12,667	6.6	1,213	-2.6	1,274	2.4	701	7.0
2008-2Q	実績(3カ月)	14,196	10.2	1,858	21.3	1,878	24.0	1,085	32.6
2008-3Q	実績(3カ月)	13,878	11.0	1,581	23.1	1,597	25.3	790	17.7
2008-4Q	実績(3カ月)	14,245	14.0	1,436	22.1	1,441	18.5	640	12.5
2009-1Q	実績(3カ月)	15,561	22.8	2,363	94.8	2,425	90.3	1,046	49.2
2009-2Q	実績(3カ月)	17,278	21.7	3,075	65.5	3,100	65.1	1,691	55.9
2009-3Q	実績(3カ月)	17,409	25.4	2,904	83.7	2,937	83.9	1,589	101.1
2009-4Q	実績(3カ月)	17,039	19.6	2,399	67.1	2,464	71.0	601	-6.1
2010-1Q	実績(3カ月)	16,659	7.1	2,409	1.9	2,468	1.8	1,173	12.1
2010-2Q	実績(3カ月)	17,660	2.2	2,742	-10.8	2,782	-10.3	1,581	-6.5
2010-3Q	実績(3カ月)	17,264	-0.8	2,560	-11.8	2,602	-11.4	1,423	-10.4
2010-4Q	実績(3カ月)	16,777	-1.5	1,978	-17.5	2,077	-15.7	1,134	88.7

公表された９月の月末株価はさらに下落しています。もっとも、その後は10月末が底となって２００９年１月末まで上昇します。

ただし、株価が本格的に上昇するのは２００９年６月からです。つまり、月次が大きく伸びてから10カ月も先のことです。

これはどういうことでしょうか。

最大の要因は、**全体相場の大幅な下落**です。この間はリーマンショックによって世界的に株価が大暴落していた時期です。

日経平均は２００７年６月末の１万８１３８

図表 25：王将フードサービスの株価推移

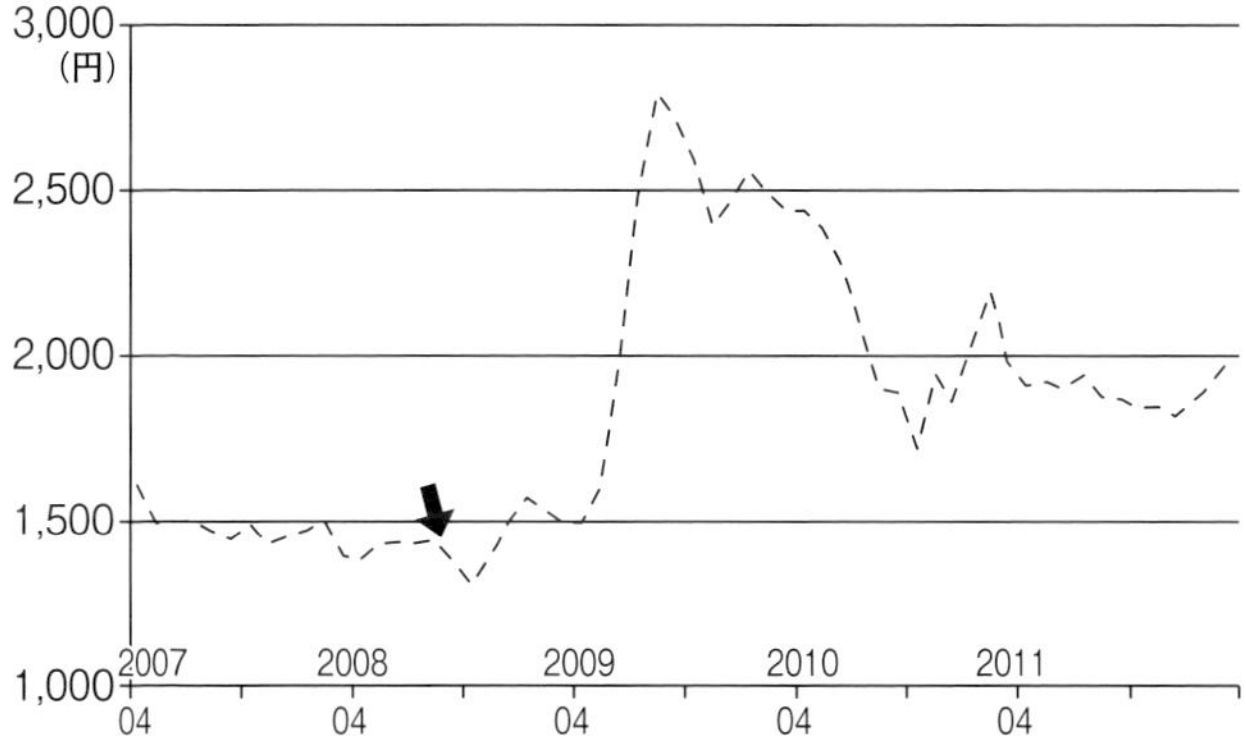

円が2009年2月末には7568円まで下落しました。

同社の月次が大きく上昇し始めたことがわかった2008年8月末の日経平均は、まだ1万3072円でしたから、その後半年間かけて日経平均は42％も下落しています。それに対して、同期間に同社株は約6％の上昇となっています。

このような見方をすれば、やはり月次をフォローすることは株式投資にとって大変大きな価値をもたらすことがわかります。

もしかすると、経験の少ない方は、それだったら相場が下がるときには買わず、相場が良くなるときに買えばいいのではないかと思うかもしれません。

素人目にはそうですが、**相場がいつどこまで上がるか、いつどこまで下がるかを当てるのは不可能**です。

むしろ逆になってしまうことも多く、相場が上がると思うときに買って、相場が下がると思うときに売るという行動を取ろうとする人は、きわめて高い確率で、天井で買って、底値で売ってしまう人なのです。

一般的には相場が下がるときにあまり下がらない株は、相場が上がるときには相場ほど上がらない傾向にあります。

しかし、同社株の場合はまったく違う軌道をたどりました。２００９年2月まで下落した日経平均は、１年後の２０１０年3月末までに46・５％上昇しています。それに対して、そこまでの半年間で６％上昇していた同社株は、日経平均が大きく上昇する間に60％も上昇しています。

つまり、相場が下がるときには大きくは下がらず、むしろ逆に若干ながらも上昇し、しかも相場が大幅に戻す過程で、それ以上の上昇を示しています。

これほど頼りになる株はないことでしょう。

このように**相場動向を気にせずに月次だけをフォローしていても、期待以上の成果を得ることができる**のです。

さて、全体相場と同社株の関係はここまでとし、ここからは改めて同社の月次と業績、株価の関係を見ることにしましょう。

２００8年7月、８月と大きく伸びた既存店は、その後若干低下したものの高水準を維持して、２００９年2月には12・７％増と8月の伸び率を上回ってきました。ただし、１月末に天井を付けた株価は第３四半期決算が公表された2月も月次が最大伸び率を更新したことがわかった3月も若干弱含みました。


月次の方はその後も3月、４月、５月と伸び率をさらに高めました。

それでも株価は4月もほとんど動かず、若干動き始めるのは5月に入ってからです。

つまり、月次がたとえ高水準でも株価はそれには反応していないということです。

そして、５月半ばに２００９年3月期決算が公表されました。

２００９年3月期決算は期初計画の6・2％増収、3・０％営業増益から、10・５％増収、16・２％営業増益と大幅な増額修正になりました。

また、同時に公表された２０１０年3月期の会社計画は4・8％増収、7・7％営業増益というものでした。

この段階ではかならずしも大きく評価されたわけではなく、株価も強含み程度でした。

しかし、6月に入ると株価は急上昇を始めます。

6月中に公表された5月の月次が21・2％増といよいよ20％台に乗せてきたことも、株価の勢いに弾みをつけたと考えられます。

さらに、6月の月次が25・9％増、7月も24・1％増であったこと、それらに加えて8月半ばに公表された2009年度第1四半期決算が、22・8％増収、94・8％営業増益となったこともあり、さらに株価が上昇しました。

もちろん、第1四半期の業績が好調であることは月次をフォローしていれば簡単にわかることです。

月次はその後、前年度に急上昇した月の8月には13・4％増まで急低下します。

しかし、急低下とは言うものの既存店月次が二ケタ伸びているのですから、かなりの高水準です。

その後、2010年2月までは二ケタ増を続け、3月から一ケタに落ち込みます。

ここまで下がってくると、さすがにピークアウトした可能性が高くなります。

特に前年度の6月には既存店月次が25・9％増とピークを付けていますので、当年度はいよいよマイナスということも視野に入ってきます。

この段階では、**はっきりと見切りをつける必要**が出てきます。

ただし、業績だけから言えば、まだまだ悪くなるとは限りません。

なにしろ、悪くなったと言っても、既存店月次が5％を上回るようなプラスなのですから。

しかし、株価は常に期待を織り込みますから、既存店が二ケタも伸びていると、それなりのＰＥＲになります。

二ケタの既存店伸び率を前提につけていたバリュエーションは、伸びが一ケタに落ちれば低下してもおかしくはありません。

そこで、この3月の月次が判明した4月に見切りをつけたとします。

この段階であれば、株価は２４００円ほどですから、スタート時の１４００円台からは１０００円ほどの上昇となります。

月次を見ていれば、このような形で見切り時もおおよそ見当がつきます。

それでは、業績だけをフォローしている場合はどうでしょうか。

再び、**図表24**の業績表をご覧ください。業績ではその後、５月半ばに開示された２０１０年３月期決算は、22・４％増収、76・４％営業増益と絶好調でした。しかも、第４四半期だけでも19・６％増収、67・１％営業増益と減速感はまったくありません。

翌期の通期業績予想は６・４％増収、２・５％営業増益予想と大幅な減速見通しでした。しかし、前年度も前々年度も期初予想は一ケタの増収・増益予想でしたから、それだけでは判断はしかねます。

前期決算が大幅増益にもかかわらず、株価の方はじわじわと下がり出します。２０１０年度第１四半期決算が公表される８月半ばには、すでに株価は２０００円を割り込み始めていました。

そして、その時点で出てきた決算は、７・１％増収、１・９％営業増益と減速感は誰の目にも明らかでした。

その後、２カ月ほどで株価は１８００円も割り込みました。

このように、**業績だけを見ていると、どうしても遅れ気味になります**。

さて、ここで王将フードサービスのケースでの月次と株価の関係を整理しておきます。

図表26の左側の上の図に月次の前年同月比推移と株価の絶対値を示しています。

これもすでに繰り返し見てきたように、月次のジャンプアップで「買い」が正解です。

確かにこのときは、月次で絶対株価が上がったわけではありませんが、その後全体相場が大きく下がる中で、同社株は多少なりとも上がったわけですから、きわめて効率的です。

そして、月次がピークを付けたところで「売り」とします。

もちろん、月次がピークを付けたかどうかは、数カ月しないとわかりません。しかし、月次のピークアウトはその後に月次が大きく下がった局面と考えればいいでしょう。

図で言えば、2009年8月か2010年3月となります。

効率から言えば2009年8月がベストですが、**いつも完ぺきを求めないのも、株式投資に必要なコツ**です。

結果から言えば、どちらでもOKという結論になります。

ところで、**図表26**の左下の図は、月次は前年同月比ですから、株価も前年同月比で計算したものです。

こうすると、より明らかに月次と株価の関係性がクリアに見えます。

つまり、先に月次が変化して、それを追うように株価が変化していることが、はっきりわかります。

さて、最後は同社の月次がなぜいきなりジャンプアップして、高水準な伸びが継続したかを解説しておきます。

これも繰り返しになりますが、この部分は知らなくてもできるのが月次利用の最大のメリットです。

ただし、知っておいて損はありませんので、そのバックグラウンドを解説します。

図表26の上の図は、月次の前年同月比と月間テレビ放映件数の6カ月移動平均を示したものです。要するに、同社の月次が急にジャンプアップした背景は、**テレビの**

バラエティー番組で同社の店舗が繰り返し取り上げられたことによるものです。

当時はリーマンショックの最中で、わが国でも株価も大きく下がり、不況感が蔓延していました。

そこで、テレビのバラエティー番組で、低価格外食の代表として、繰り返し同社が取り上げられたということです。

これを見ると、いかにマスコミの影響度が大きいか理解できるのではないでしょうか。

トリドールの例でもテレビに取り上げられて、月次が回復軌道に乗った例がありました。

また、その後は同じくトリドールが自らテレビで全国CMを流した効果を見ました。

それ以外にも解説はしませんでしたが、２０１３年８月にフジオフードシステムの月次がジャンプアップしたのも、実は同社の「串家物語」という、セルフサービスの串揚げ店がテレビ番組で取り上げられたということがありました。

テレビは斜陽というイメージも強いのですが、まだまだ広告媒体としても、かなりの影響力があるということを再認識させられる結果です。

つまり、**まだ月次が出ていない段階で、仮にテレビで取り上げられたとしたら、さらに月次に先行して、行動できる可能性もある**ということです。

ただし、右下の図に示す月次と放映件数の前年同期比のグラフからわかるように、テレビ放映の月次への影響は、単純な件数ではなく、同じく**前年同期比の方が圧倒的に一致度は高い**ということです。

これは初めて目にしたときのインパクトは大きく、頻繁に取り上げられるようになると、やがて飽きられ、放映自体のインパクトがなくなるということを示しています。

このことをうまく使ったのがやはりトリドールです。

季節限定商品を繰り返し、1カ月限定で流すということです。

外食産業でもブランド広告を流している会社は多いのですが、やはり消費者にインパクトがあるのは、**限定商品や新製品発売時**だということでしょう。

図表 26：王将フードサービスの月次データ 2

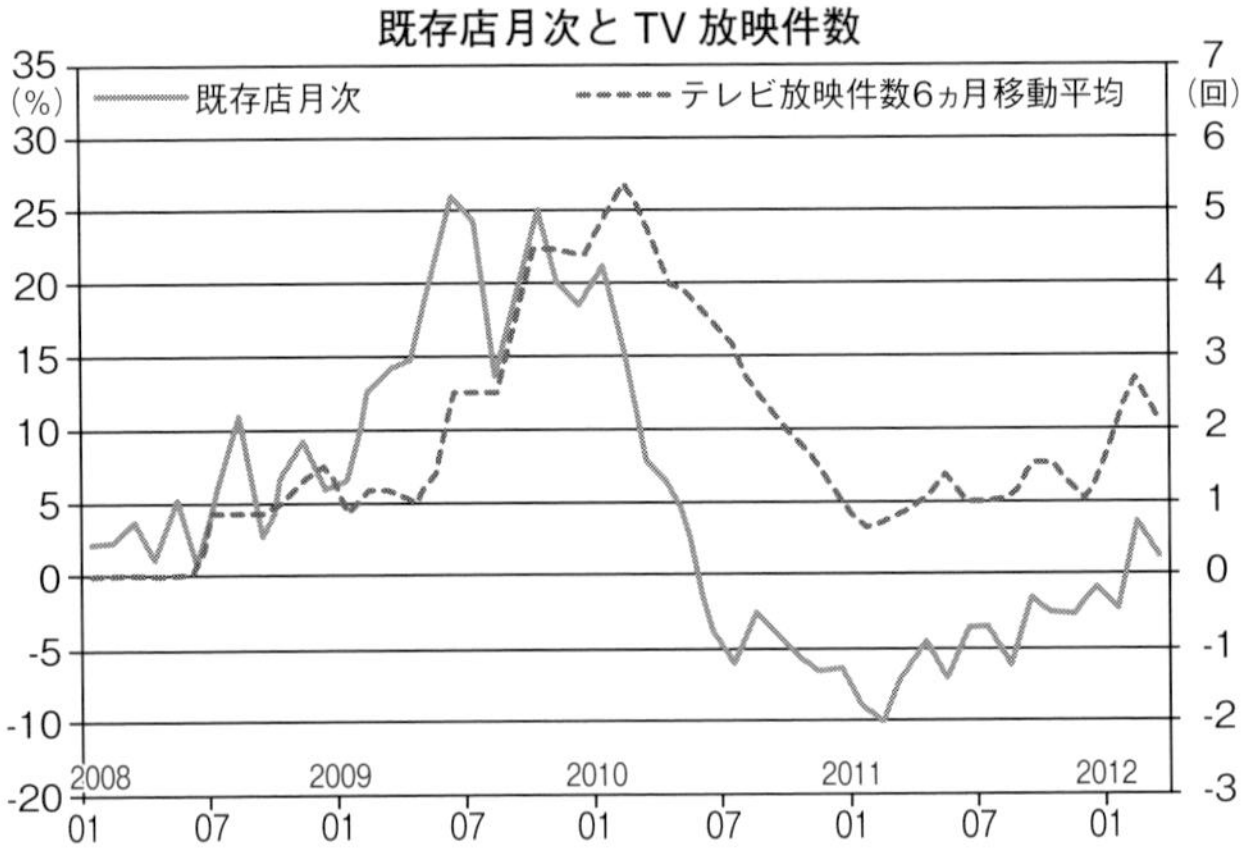

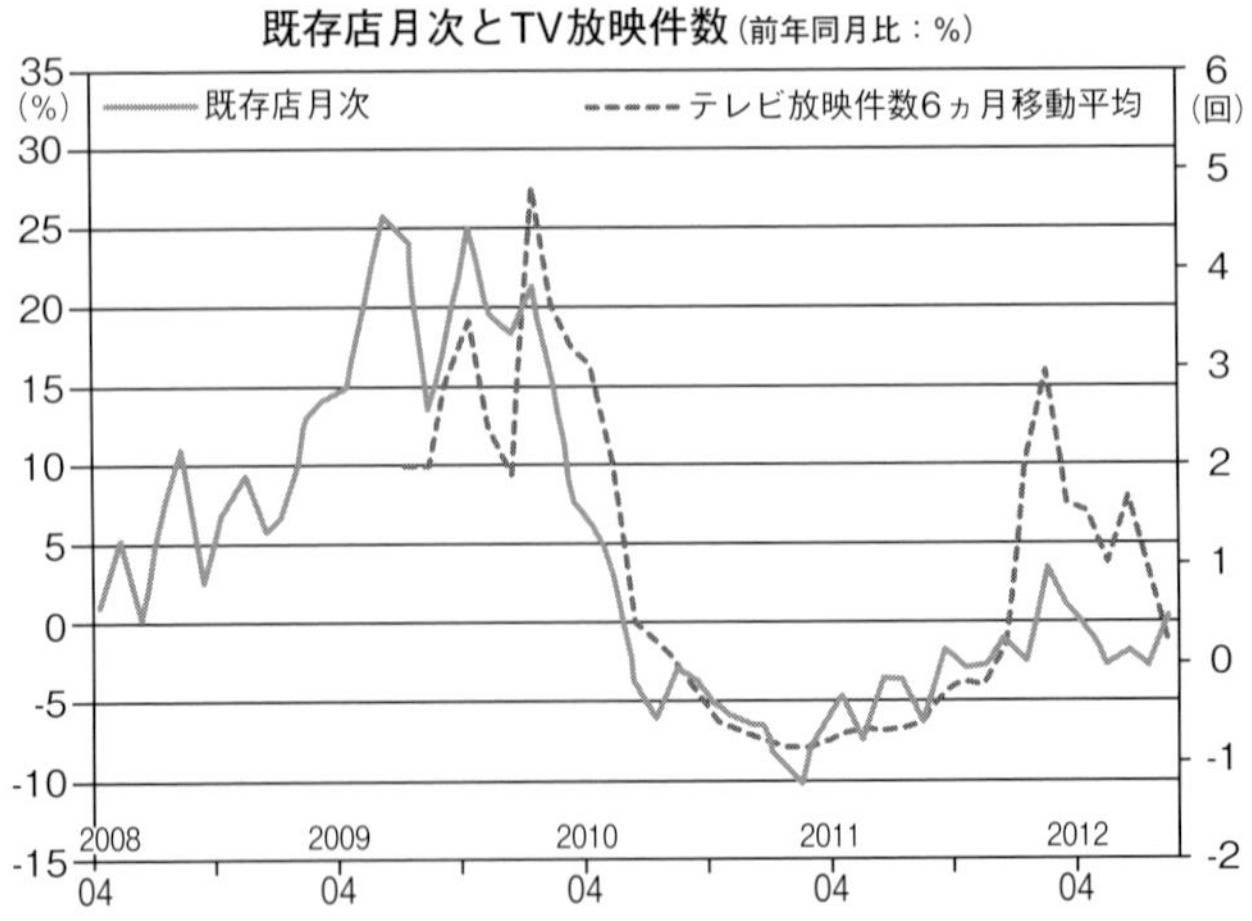

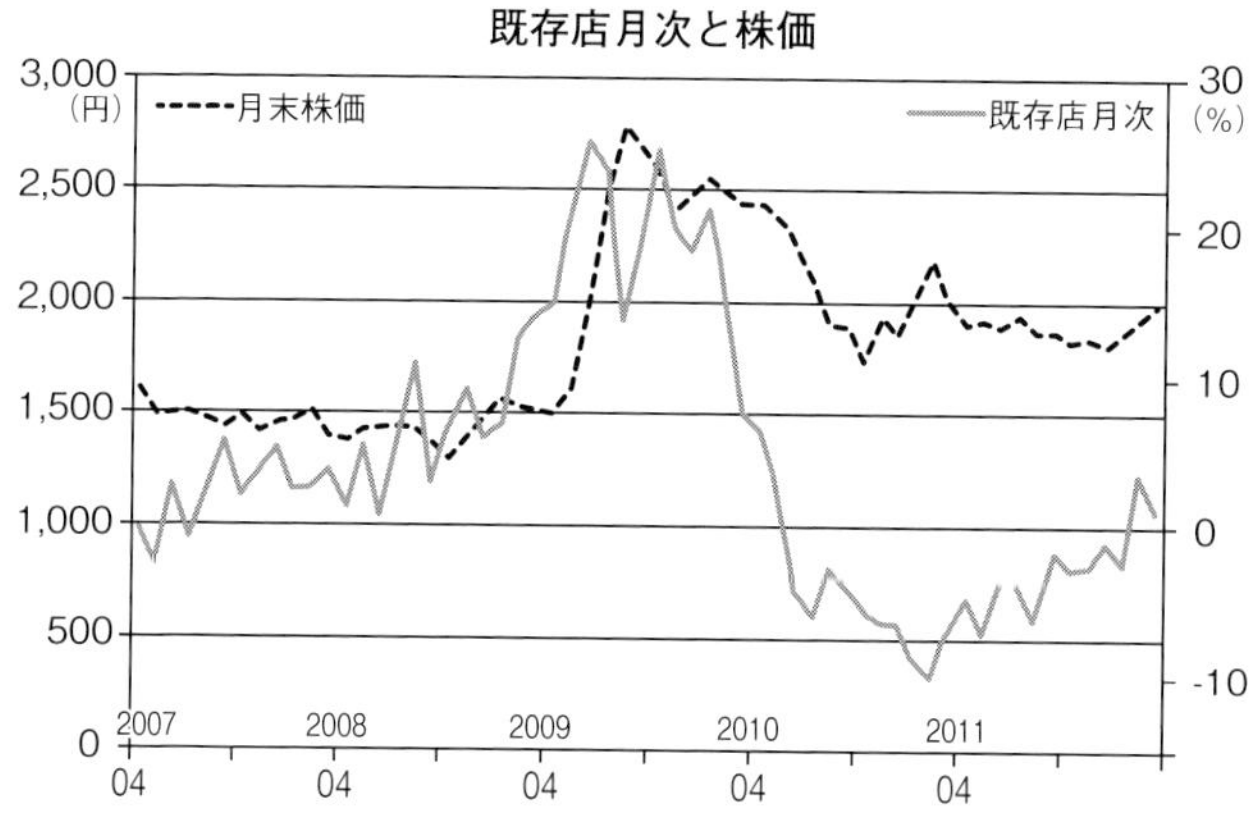
既存店月次と株価
3,000
(円)
月末株価
既存店月次
30
(%)
2,500
2,000
1,500
1,000
500
0
20
10
0
-10
2007
2008
2009
2010
2011
04
04
04
04
04

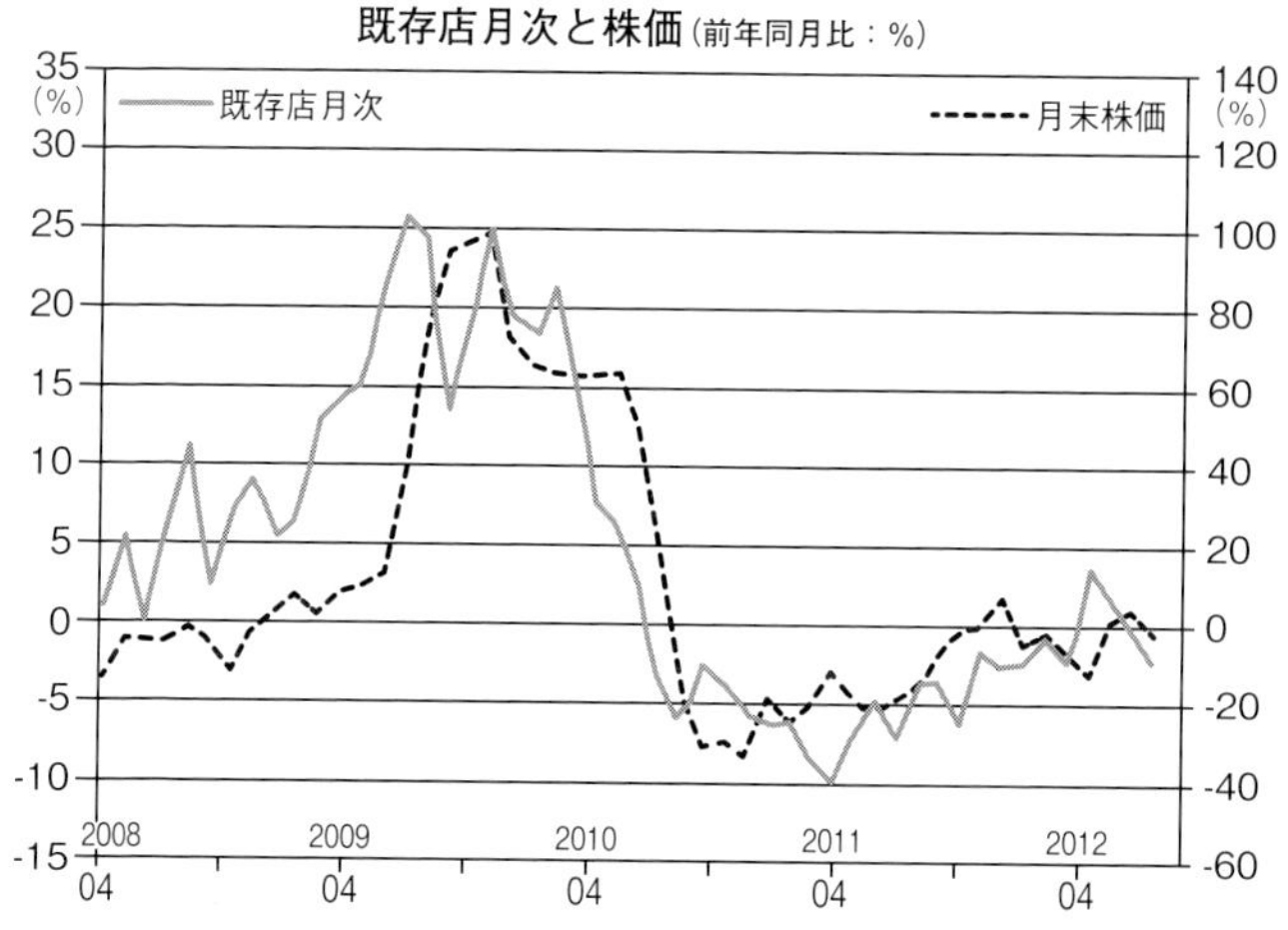
既存店月次と株価（前年同月比：%）
35
(%)
既存店月次
月末株価
140
(%)
30
25
20
15
10
5
0
-5
-10
-15
120
100
80
60
40
20
0
-20
-40
-60
2008
2009
2010
2011
2012
04
04
04
04
04

コラム

初級者はチャートの世界に近づくな

本書にはしばしば株価チャートが出てきます。過去と比較して現在の株価水準が一目でわかるからです。

しかし、ここではそれと矛盾して、チャートの世界には近づいてはいけないという話をします。

パターン＝規則性と考えてしまう間違い

物事を説明するのに絵や図を使うと、非常にわかりやすく説明できます。

しかし一方で、絵や図は理論をごまかしやすい部分や錯覚しやすい部分があります。株価のチャートもそのような性格を持っています。

数多くの銘柄のチャートを眺めていますと、いくつかのパターンが見えてきます。

パターンがあるということは、そこから規則性を発見できれば、株式投資で利益を得ることができると考えがちです。

往々にしてパターン＝規則性と考えてしまいますが、実はパターンと規則性は、まったく別物です。株価の変動の本質をわかっていない人にとっては、株価変動はほとんどブラックボックスの世界です。

そこに見える一縷の光がチャートとなりますので、どうしてもすがりたくなります。

検証によってほぼ完全に否定されている株価変動の規則性

たとえば、彗星の軌道にはパターンがあります。そこで、そのパターンを分析することによって、規則性を発見することができます。

自然科学の場合は、パターンから規則性が発見されることが多いものです。

一方、社会科学の場合のパターンには景気循環があります。そしてそこからジグラー、コンドラチェフといった循環が主張されています。

そうであるならば、株価にも規則性があっておかしくはありません。

私もそれを全面的には否定しませんが、前二者のケースとチャートでは、根本的に異なる部分があります。

それは、そのパターンの背景にある理論的裏づけに対する理解の深さです。

つまり、彗星の場合であれば、物理学の知識があって初めてパターンから規則性が発見でき、景気循環も経済という社会科学の知識や実証例があって初めて規則性が主張できるのです。

ところが、往々にして個人投資家がチャートにはまり込むパターンは、過去の価格変動だけから将来を予測する方向へ行ってしまうのです。

ここが、前二者と根本的に異なる部分で、説明変数に過去の価格しかないのです。

しかし、過去の価格は将来の価格を説明しないということは、多くの学者によってすでに十分なほど証明されているのです。

証券の世界にはチャートの専門家もいます。彼らの多くは、チャートはアートだと言います。つまり、チャートは物事を説明しやすくする道具立てであって、最後の銘柄選択はそれ以外の知識で行っているのです。

神話好きはいいけれど、投資には向かない

株価変動の本質をわかっていない人は、チャートにどうしてもすがりたくなります。大

column 3

昔の人々が錬金術にはまってしまったのと似ています。

たとえて言うならば、星座の世界です。昔の人々は星を見て、農作業の時期を決めていました。これはまさに科学で、規則性のあるものです。

一方で、星座という考え方があります。こちらは実は、科学ではなくロマンです。

つまり、星座を形成する一つ一つの星は地球から見て同方向に見えるだけで、星同士はまったく無関係です。

しかし、その星座がギリシア神話の神々と結びついて、無数の物語が語られています。

それだけ、パターンは人を魅了します。

そのようなロマンを追求するのはいいのですけれども、ロマンで飯は食えないのも事実なのです。

同じ楽しむのであれば、当書では、まったく解説していませんが配当金や株主優待の方が、実利がある分、かなりマシです。

くれぐれも、初級者はチャートの世界、神話の世界には近づかないでください。

はまってしまったら、生きては帰ってこられなくなってしまいますから。

第10回

月次データが使える会社、使えない会社

食品会社の月次データはあまり意味がない？

今回は、月次データを利用する場合にどうしても欠かせないチェックについて触れます。

それは、月次データが役に立つ会社か、役に立たない会社かの見分け方です。

えっ!!

月次データが役に立たない会社があるんですか？

そうなんです。

すでに何度も繰り返していますが、月次データは業績の先行指標だから利用価値が

あるのです。

しかし、中には業績の先行指標として役に立たないケースもあります。

それをどう見分けるかをお話しします。

基本的には、月次データからわかるのは、売上高の伸び率です。

しかし、業績予想で本当に知りたいのは、利益の伸び率です。

つまり、**売上高の伸び率と利益の伸び率の関係が弱い企業は、月次データからは業績の予測ができません**から、月次データはそれほど有効ではありません。

ここまで分析したいくつかの銘柄で売上高と利益の関係を見ていきましょう。

まずはトリドールです。**図表27**のトリドールの業績表をご覧ください。

年度の売上高と営業利益の伸び率を見ると、2008／3期から2010／3期は売上高が50％前後の伸び率に対して、営業利益は50～100％の伸び率となっています。

かならずしも、売上高の伸び率が高ければ利益の伸び率が高いわけではありませんが、違和感のない範囲に収まっていると言えるでしょう。

2011／3期は売上げの伸びが前年度の半分以下となって、営業利益は微減益に転じています。

ところが、2012／3期の売上高の伸び率は2011／3期とほとんど変わらないにもかかわらず、営業利益は40％を超える大幅な増益に転じています。

とは言っても、売上げと利益の伸び率の関係性が低いためと一概には言えません。

これは、同じ伸び率でも売上高が減速していく時は、利益へのマイナスインパクトが大きく、加速していくと、利益へのプラスインパクトが大きくなるという現象に過ぎません。

売上高の伸び率が大きければ、企業は強気になって人を採用し、設備を増やします。

しかし、売上高の伸び率が低下し始めると、しばらくは売上げの伸びを費用の伸び

図表 27：売上げと利益の伸び率の関係 1

銘柄名 ▶トリドール　コード ▶ 3397

決算期		売上高	伸率	営業利益	伸率	税前/経常	伸率	純利益	伸率
（連結）		百万円	%	百万円	%	百万円	%	百万円	%
2008/3期	実績	16,544	52.0	1,448	49.6	1,385	44.0	590	16.6
2009/3期	実績	24,519	48.2	2,830	95.4	2,707	95.5	1,351	129.0
2010/3期	実績	38,929	58.8	4,823	70.4	4,724	74.5	2,260	67.3
2011/3期	実績	48,835	25.4	4,762	-1.3	4,567	-3.3	2,019	-10.7
2012/3期	実績	61,075	25.1	6,743	41.6	6,497	42.3	3,050	51.1
2013/3期	実績	70,906	16.1	7,045	4.5	6,910	6.4	3,247	6.5
2009-1Q	実績(3カ月)	8,335	62.0	1,106	81.0	1,089	80.3	519	68.5
2009-2Q	実績(3カ月)	9,963	69.0	1,353	90.6	1,325	89.0	661	121.1
2009-3Q	実績(3カ月)	10,086	57.6	1,107	66.5	1 098	78.0	560	76.7
2009-4Q	実績(3カ月)	10,545	49.0	1,257	48.9	1 212	54.4	520	21.8
2010-1Q	実績(3カ月)	11,306	35.6	1,262	14.1	1,193	9.6	407	-21.6
2010-2Q	実績(3カ月)	12,523	25.7	1,535	13.5	1,482	11.8	705	6.7
2010-3Q	実績(3カ月)	12,605	25.0	954	-13.8	921	-16.1	423	-24.5
2010-4Q	実績(3カ月)	12,401	17.6	1,011	-19.6	971	-19.9	484	-6.9
2011-1Q	実績(3カ月)	14,170	25.3	1,716	36.0	1,544	37.8	823	102.2
2011-2Q	実績(3カ月)	15,558	24.2	1,799	17.2	1,745	17.7	795	12.8
2011-3Q	実績(3カ月)	15,721	24.7	1,784	87.0	1,731	87.9	811	91.7
2011-4Q	実績(3カ月)	15,626	26.0	1,444	42.8	1,377	41.8	621	28.3

が上回るため、利益は減少しがちになります。

一方、そのような厳しい状況が続けば、企業は当然採用や設備投資を抑制します。すると、費用の伸びを売上げの伸びが上回るようになって、増益に転じるというものです。

2013／3期はさらに売上げの伸び率が低下したことで、費用減のスピードと売上げ減のスピードが同程度になり、利益がほとんど増えませんでした。

このように、完全に売上げの伸びと利益の伸びが一致するわけではありませんが、いくつかパターン分けすれば、売上げと利益の伸びのズレを説明できます。

一方、四半期データの場合の売上げと利益の伸びのズレは、通期の場合とは若干違う解釈が必要になります。

2010年第1四半期（1Q）、第2四半期（2Q）、第3四半期（3Q）の売上高の伸び率と営業利益の伸び率の関係がいびつです。

つまり、1Qの売上げと利益の伸び率の関係を基準とすると、2Qには売上高の伸び率は1Qより10%pt低下しているにもかかわらず、営業利益の伸び率はほぼ同じになっています。

逆に3Qの売上高伸び率は2Qの売上高伸び率と大差がないにもかかわらず、利益は二ケタ増益から二ケタ減益と大きく悪化しています。


これは、普通の企業行動として、悪くなりかけたときは何とかして利益を確保しようとして、経費を抑制する手を打ちます。

しかし、そういった政策には費用繰り延べ的なものも多く、**次の期には反動で費用が増える**ということがあります。

それゆえ、2Qの数字で安心してはダメということで、売上高と利益の連動性を否定するものではありません。

1Q、2Qと既存店月次が悪化し、3Qも悪化が継続したためにそうなったわけですので、むしろ、これは既存店月次が重要ということの証明にもなります。

また、２０１０年１Ｑでは35・６％増収で、14・１％営業増益ですが、その後、２０１１年１Ｑでは25・３％増収、36・０％営業増益となっています。

つまり、この２つを取れば、売上げと利益の伸び率の関係は逆転しています。


これは、すでに年度のところでも説明したように悪化期と改善期の違いです。

つまり、絶好調のときは事業拡大のため、人件費を中心に費用を増やしています。

そのため、売上げの伸びが低下すると、利益の伸びは大幅に下がります。


一方、改善期は逆で、それまでに固定費を抑制していますから、売上げの伸びが低くても、利益が増える体質になっています。

そのため、**売上げの伸びが上振れると、利益が急に増える**のです。

株価で言えば、ここが一番おいしいときでしょう。

次は王将フードサービスを見てみましょう。１０２ページの**図表24**をご覧ください。

まず、年度ごとの売上高と営業利益の伸びを見てみましょう。

売上高の伸びが低いと減益のこともありますが、売上高の伸びが高まると増益率も大きく高まります。

これは四半期でも比較的キレイに当てはまります。


このように外食産業の場合、比較的売上げの伸びと利益の伸びがリンクするケースが多いものです。

一方、食品企業の場合はかならずしも売上げと利益が一致しませんので、注意が必要です。

例として伊藤園（２５９３）を取り上げて説明します。**図表28**をご覧ください。

年度で見ても四半期で見ても、売上げと利益の伸びが一致しない期が多くみられます。

基本的には安売りをしてたくさん売れても利益は伸びず、安売りしないで売れれば、利益が多く出るためです。

それでは、売上げと利益の関係は何によって決まるかというと、これにもいくつか要因があります。


一つは天候要因です。

当然、夏が暑ければ、冷たい飲料が大きく売上げを伸ばします。


一方、ヒット商品が出て、好調な場合はまったく事情は異なります。

この場合には、全体と同時に、個別商品、カテゴリーの月次フォローがそれなりに意味を持ちます。

DATA	
(株)伊藤園	
本　社	東京都渋谷区本町3-47-10
資本金	199億円
設　立	昭和41年
売上高	4,305億円(平成27年4月期連結)
従業員数	5,381人(平成27年4月)
グループ会社	タリーズコーヒージャパン(株)、伊藤園・伊藤忠ミネラルウォーターズ(株)、チチヤス(株) など

図表 28：売上げと利益の伸び率の関係 2

銘柄名 ▶ 伊藤園　　コード ▶ 2593

決算期		売上高	伸率	営業利益	伸率	税前/経常	伸率	純利益	伸率
(連結)		百万円	%	百万円	%	百万円	%	百万円	%
2006/4期	実績	288,077	9.2	21,066	6.9	20,527	6.8	11,685	11.8
2007/4期	実績	310,200	7.7	22,796	8.2	22,267	8.5	12,261	4.9
2008/4期	実績	328,071	5.8	19,236	-15.6	18,215	-18.2	10,096	-17.7
2009/4期	実績	332,847	1.5	10,613	-44.8	10,376	-43.0	4,765	-52.8
2010/4期	実績	332,984	0.0	12,453	17.3	11,679	12.6	5,996	25.8
2011/4期	実績	351,692	5.6	17,679	42.0	16,526	41.5	7,675	28.0
2012/4期	実績	369,284	5.0	18,907	6.9	17,985	8.8	9,249	20.5
2013/4期	実績	403,957	9.4	20,250	7.1	19,914	10.7	11,244	21.6
2010-1Q	実績(3カ月)	89,708	-0.1	4,064	83.8	3,886	63.3	1,953	81.5
2010-2Q	実績(3カ月)	89,798	-2.0	5,097	3.8	4,327	2.1	2,748	30.0
2010-3Q	実績(3カ月)	73,755	-0.2	942	-20.7	732	-15.1	251	-44.7
2010-4Q	実績(3カ月)	79,723	2.9	2,350	2.0	2,234	-7.1	1,044	-6.9
2011-1Q	実績(3カ月)	97,077	8.2	5,950	46.4	5,504	41.6	2,648	35.6
2011-2Q	実績(3カ月)	97,504	8.6	6,203	21.7	5,708	18.3	3,279	19.3
2011-3Q	実績(3カ月)	77,625	5.2	1,744	85.1	1,684	130.1	1,196	376.5
2011-4Q	実績(3カ月)	79,486	-0.3	3,782	60.9	3,630	62.5	552	-47.1

ただし、一般的な傾向として、実際は前年同月比ではなく、前の月に比べてどうであったかが重要で、売上げがピークアウトしてしまうと、株価もピークアウトする傾向があります。

しかし、業績や月次は前年同期比で見ますから、業績が絶好調にもかかわらず、株価が低迷することはよくあります。

データを示すことはできませんが、私の経験では、1990年代のカルピスウォーター、2003年のアサヒ飲料のワンダがあります。

両社ともこのヒットでまったく別の会社に生まれ変わってしまいました。

今は両社とも上場していませんが。

ここまでは実は普通の関係で、以上のような状況ならば、売上げの伸びと利益の伸びは同方向になります。

問題は、**食品企業の場合はそれだけではない**ということです。

まずは、市場の競争環境が大きく影響します。類似商品による競争が激しい場合には、他の企業が取る戦略によって価格競争や余計な経費がかかります。

ただし、これはきわめて重要なのですが、なかなか外部からはわかりにくい面があります。

自社商品を強力にプッシュしたが、ライバルも対抗してきたときは、売上高はそれなりに増えても、利益はむしろ大きく減ることもあります。

一方、ライバルがあるカテゴリーで強力な販売活動をしてくると、対抗上自社も行うのですが、他社の勢いがすごいと、売上げが伸び悩んで、利益が大きく悪化することもあります。

逆に、無理しない販売体制を敷いたことによって、売上げは多少減少したが、利益はきちんと増えたということもあります。

以上から、特に食品株はこの傾向がきわめて強く、食品株に関しては、さほど月次をフォローする意味合いはありません。

これは、商品で競争している場合、戦いの場がコンビニ、スーパーなど、限定されているためで、外食や小売りのように新店の出現による局地戦はあったとしても、全面戦争になりにくい業種と、食品の違いが大きいと思います。

それゆえ、狭い市場において単品で競争している牛丼店の場合も、食品企業と同じように**外食産業でありながら月次が使いにくい業態**ということができます。

それでも私は、伊藤園やゼンショーの月次をフォローしています。

それは何のためかというと、飲料業界や小売業、外食産業の状況を知るためです。

当書は超簡単な月次の使い方がテーマですので、これ以上この話には触れません。

また、別に、外食企業でも売上げと利益の関係にバラつきのある会社もあります。

ドトール・日レスホールディングス（３０８７）はそんな会社の一つです。

図表29に同社の業績推移を示しています。

この会社は年度で見ても四半期で見ても、売上げと利益の関係がバラバラです。

このような会社は月次を見ていて良くなったからと言って、利益が良くなるとは限りません。よって、月次データがあまり役に立たない会社ということになります。

もっとも本当に細かく見ていけば、それなりに明確な理由があって、実は月次データが使える可能性もありますが、これも超簡単というわけには行きませんので、あまりお奨めできません。

もっとも、この会社の場合、これまで説明してきた

DATA	
(株)ドトール・日レスホールディングス	
本　社	東京都渋谷区猿楽町10-11
資本金	10億円
設　立	平成19年
売上収益	1,200億円(平成27年2月期連結)
従業員数	2,548人(平成27年2月期連結)
主な業態	ドトールコーヒーショップ、エクセルシオール カフェ、カフェラミル、洋麺屋 五右衛門、星乃珈琲、F&F、石釜パン工房サンメリーなど

会社と違って、売上高が急速に増えた局面がありません。

つまり、月次データを用いる方法は、月次が大きく変動する場合には有効ですが、**小幅変動で多少良くなったり、多少悪くなったりする程度では使えません。**

そこで、このような会社であっても将来月次が大きく変動した場合は、使える可能性があります。

以上、今回は月次を見る意味があるケース、無いケースの見分け方を説明しました。

第11回 月次データでネット企業を攻める

多くのネット企業に月次が有効なわけ

ここまで、取り上げてきた企業は、比較的一般的な、イメージがしやすい月次データを公表する会社です。

今回は、月次データを公表するちょっと変わった会社を紹介します。

まずは、ファンコミュニケーションズ（２４６１）です。

この会社はアフィリエイト・サービス・プロバイダー、略してＡＳＰと呼ばれる業種の会社です。

こんな業種の会社も月次データを公表しています。

まずは、業績を表わす**図表30**を見てください。

売上高と利益の方向性がほぼ完全に一致しています。

よって、**月次を見る意味がある会社**ということになります。


この業績表には実は、月次データが使いやすそうな特徴もあります。

それは年度ごとの売上高の伸び率に大きなバラつきがあることです。

前回取り上げたドトール・日レスとはまったく逆になります（**図表29**参照）。

ドトール・日レスの年度ごとの売上高の伸びには、あまり大きな差がありません。

DATA	
(株)ファンコミュニケーションズ	
本　社	東京都渋谷区渋谷1-1-8
資本金	11億円
設　立	平成11年
売上収益	357億円（平成27年12月期連結）
従業員数	349人 ※アルバイト・派遣社員含む（平成27年12月期連結）
主な業態	成功報酬型アドネットワークサービス、自社媒体運営など

図表 29：売上げと利益の伸び率の関係 3

銘柄名 ▶ドトール・日レスホールディングス　　コード ▶ 3087

決算期		売上高	伸率	営業利益	伸率	税前/経常	伸率	純利益	伸率
(連結)		百万円	%	百万円	%	百万円	%	百万円	%
2009/2期	実績	103,967	2.6	9,429	-5.7	9,849	-5.6	4,038	-25.9
2010/2期	実績	100,788	-3.1	9,040	-4.1	9,441	-4.1	4,183	3.6
2011/2期	実績	105,011	4.2	7,713	-14.7	8,099	-14.2	4,019	-3.9
2012/2期	実績	107,721	2.6	7,096	-8.0	7,475	-7.7	2,513	-37.5
2014/2期	実績	107,825	0.1	7,179	1.2	7,653	2.4	3,598	43.2
2014/2期	実績	113,520	5.3	8,452	17.7	8,830	15.4	3,876	7.7
2011-1Q	実績(3カ月)	25,920	0.1	1,682	-21.8	1,794	-20.8	226	-82.2
2011-2Q	実績(3カ月)	28,736	5.3	2,116	-5.4	2,207	-5.9	1,003	-16.1
2011-3Q	実績(3カ月)	26,802	2.9	1,694	13.5	1,770	12.6	981	15.7
2011-4Q	実績(3カ月)	26,263	1.9	1,604	-12.5	1,704	-11.1	303	-57.1
2012-1Q	実績(3カ月)	26,869	3.7	1,789	6.4	1,341	2.6	814	260.2
2012-2Q	実績(3カ月)	28,039	-2.4	2,145	1.4	2,284	3.5	1,812	80.7
2012-3Q	実績(3カ月)	26,686	-0.4	1,634	-3.5	1,341	4.0	502	-48.8
2012-4Q	実績(3カ月)	26,231	-0.1	1,611	0.4	1,687	-1.0	470	55.1
2013-1Q	実績(3カ月)	28,498	6.1	2,555	42.8	2,675	45.3	1,518	86.5
2013-2Q	実績(3カ月)	29,521	5.3	2,440	13.8	2,551	11.7	788	-56.5
2013-3Q	実績(3カ月)	28,067	5.2	1,829	11.9	1,961	6.5	1,081	115.3
2013-4Q	実績(3カ月)	27,434	4.6	1,628	1.1	1,643	-2.6	489	4.0

この程度の売上高の変化では、売上高自体が利益を大きく動かさず、別の要因、たとえば原材料費や出店コストなどの影響が大きくなり、小さいなりの売上高の変化と利益の伸びにあまり関係がないように見えます。

これは、売上高と利益に関係がないわけではなく、この間には利益に大きな影響を及ぼすほど売上高が大きく変化しなかったということです。

この表の期間でも6年間ですから、6年間月次データを見ていても、月次データから「買い」のチャンスを発見できなかったということになります。

しかし、ファンコミュニケーションズの場合は、5年間で2回も売上高が急拡大した時期があります。

つまり、それだけ、月次のフォローし甲斐がある会社ということになります。

そのこととは別に、実は**ネット企業の多くは月次データが利用しやすい**業種になります。

図表30：ファンコミュニケーションズの業績

決算期		売上高	伸率	営業利益	伸率	税前/経常	伸率	純利益	伸率
（連結）		百万円	%	百万円	%	百万円	%	百万円	%
2006/12期	実績	5,367	25.7	980	22.3	994	29.9	589	30.9
2007/12期	実績	5,687	6.0	948	-3.3	973	-2.1	485	-17.7
2008/12期	実績	6,044	6.3	956	0.8	965	-0.8	531	9.5
2009/12期	実績	8,016	32.6	1,328	38.9	1,423	47.5	747	40.7
2010/12期	実績	8,722	8.8	1,429	7.6	1,500	5.4	904	21.0
2009-1Q	実績（3カ月）	1,838	36.9	288	43.3	308	46.7	181	48.4
2009-2Q	実績（3カ月）	1,998	34.5	323	30.2	353	41.2	130	10.2
2009-3Q	実績（3カ月）	2,161	38.0	364	52.9	331	58.9	230	63.1
2009-4Q	実績（3カ月）	2,019	22.4	353	31.2	371	43.2	206	37.3
2010-1Q	実績（3カ月）	2,042	11.1	332	15.3	348	13.0	205	13.3
2010-2Q	実績（3カ月）	2,084	4.3	344	6.5	362	2.5	230	76.9
2010-3Q	実績（3カ月）	2,185	1.1	346	-4.9	363	-7.2	211	-8.3
2010-4Q	実績（3カ月）	2,411	19.4	407	15.3	427	15.1	258	25.2

ネット企業では売上げに対する変動費の率がきわめて低く、売上げの増分＝利益の増分という会社が多いことによるものです。

このことは、ゲーム会社を考えてみるとよくわかります。

固定費として開発費や広告宣伝費、その他の本部経費はかかります。

しかし、それに対して売上高は50億円でも１００億円でも費用はあまり変わりません。

そのため、ゲーム会社はヒットしない商品は固定費を賄えず、赤字になります。

ところが、30億円で収支トントンなら、極端に言えば50億円なら20億円、１００億円なら70億円が丸々利益になります。

もちろん、メガヒットになりそうであれば、途中で広告費を増やして、会員数を大きく増やす戦略を取りますので、単純にそうはなりません。

しかし、ヒットの感触を得て、広告費を増やしますので、広告費増が空振りに終わることは滅多にありません。

売上げは大方ダウンロード数に比例しますから、ダウンロード数を見ていれば、ある程度決算の先行きが予想できることになります。

さて、**図表31**の上側のファンコミュニケーションズの月次の前年同月比を見てください。

ただし、この月次はすでに説明したコメ兵の月次（第7回、**図表14**）と同じで、全社の売上高を示しています。

また、同社の場合は、下の図にあるように合計金額の絶対値も開示していますので、より確実度が高くなります。

月次の図を見ると、２０１１年前半は20～30％伸びていましたが、年末には10％を切るところまで伸び率が低下しています。

ついでながら、そこまでの2年ほどの株価動向を見ておきましょう。

図表32の株価と月次の関係をご覧ください。

ほぼ株価が月次をきっちり織り込んでいることがわかります。

しかも、月次が先行しています。

月次と株価の関連性が確認されたところで、**図表31**の上側の月次の図に戻ります。10％を切る伸び率まで低迷していた同社の月次が、２０１２年3月に20％台に乗せてきました。とりあえず、ここが投資タイミングと考えました。

その後、４月、５月と20％前後の伸びが続きました。

図表33の上側のチャートでわかりますように、３月の月次が出た4月半ばから、６月の月次が公表される7月半ばまで株価はほとんど動いていません。

しかし、６月の月次が30％台に乗せると、多少株価が動き出しました。

8月初旬に上期決算の増額修正が発表され、その後決算が発表されましたが、その

図表31：ファンコミュニケーションズの月次データ

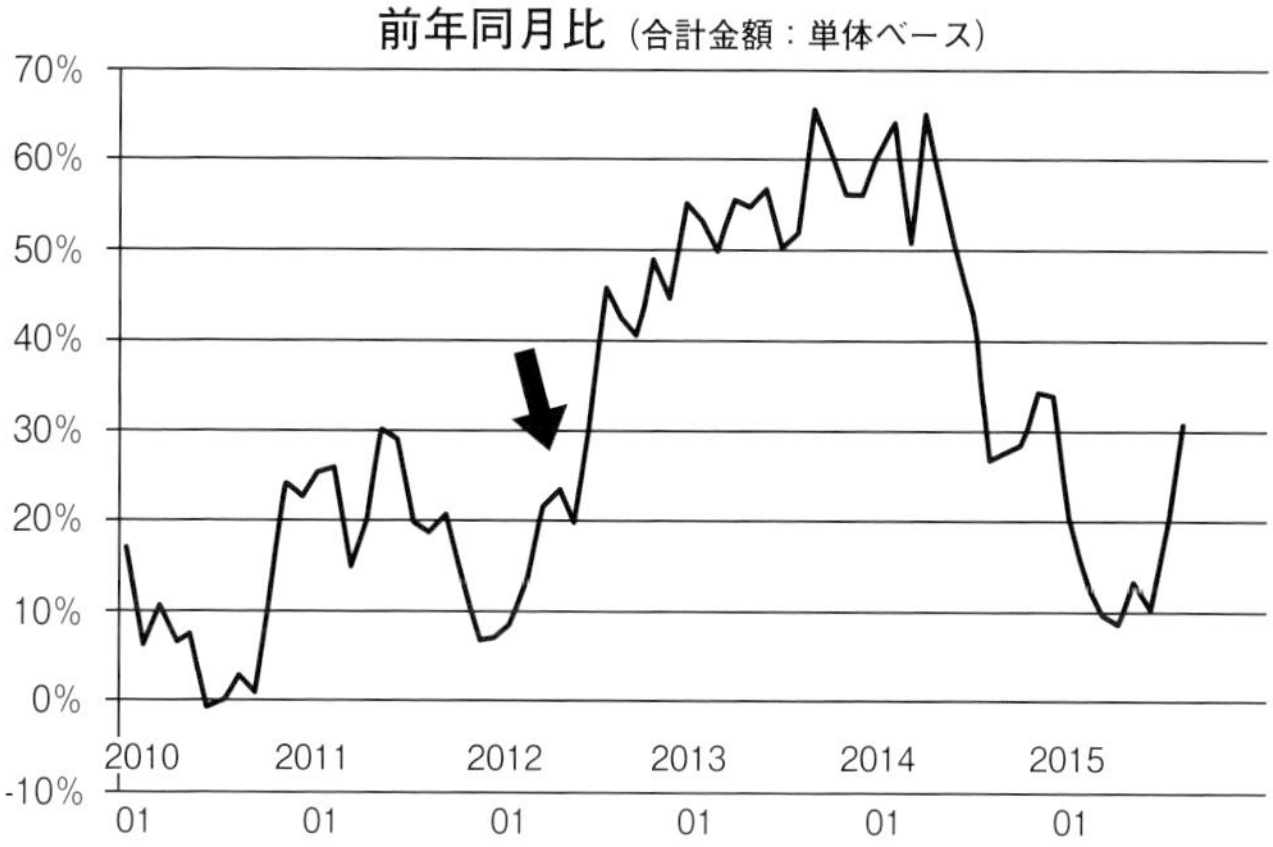

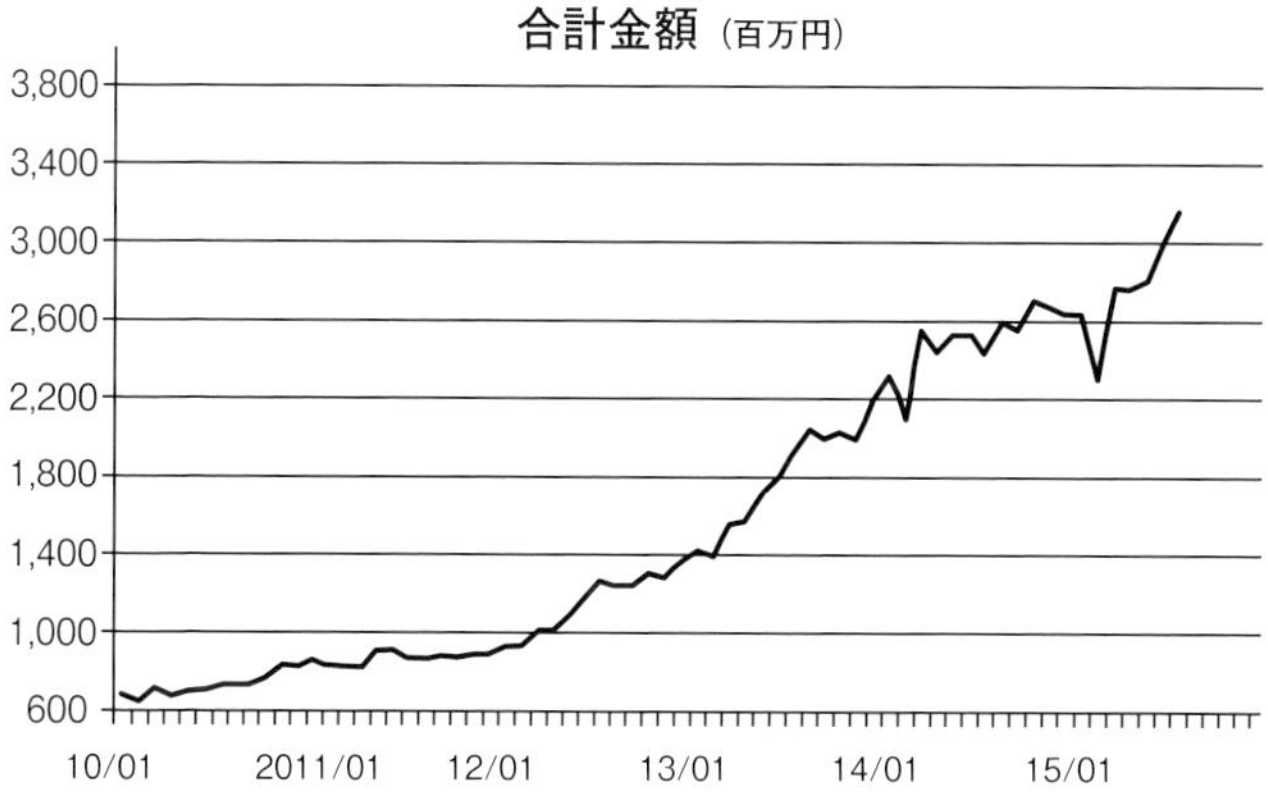

図表32：ファンコミュニケーションズの株価と月次

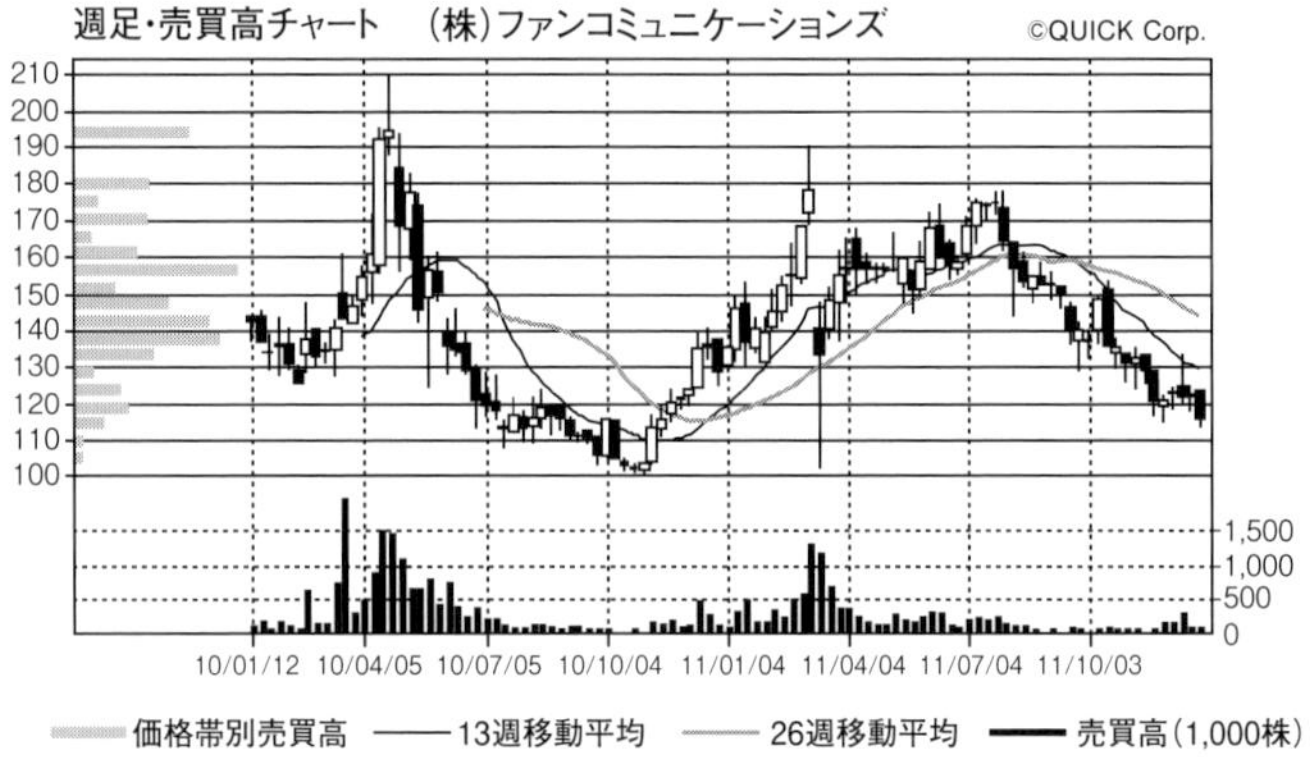

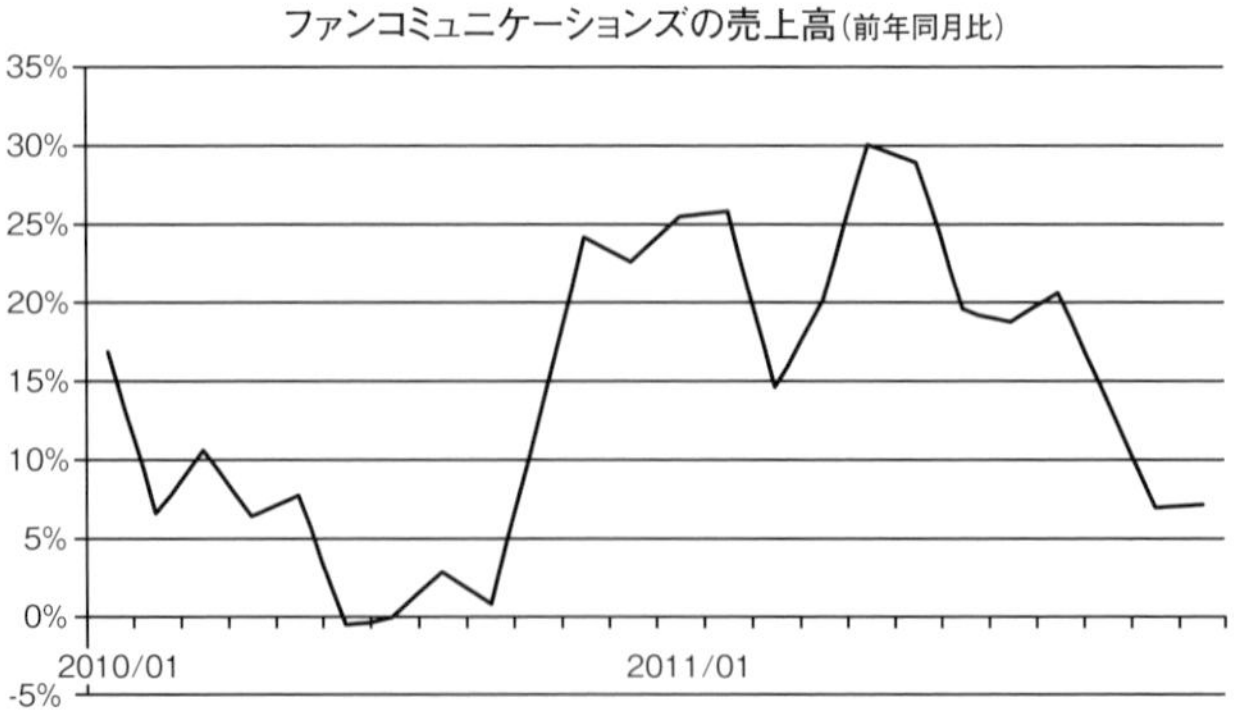

図表33：ファンコミュニケーションズの株価推移

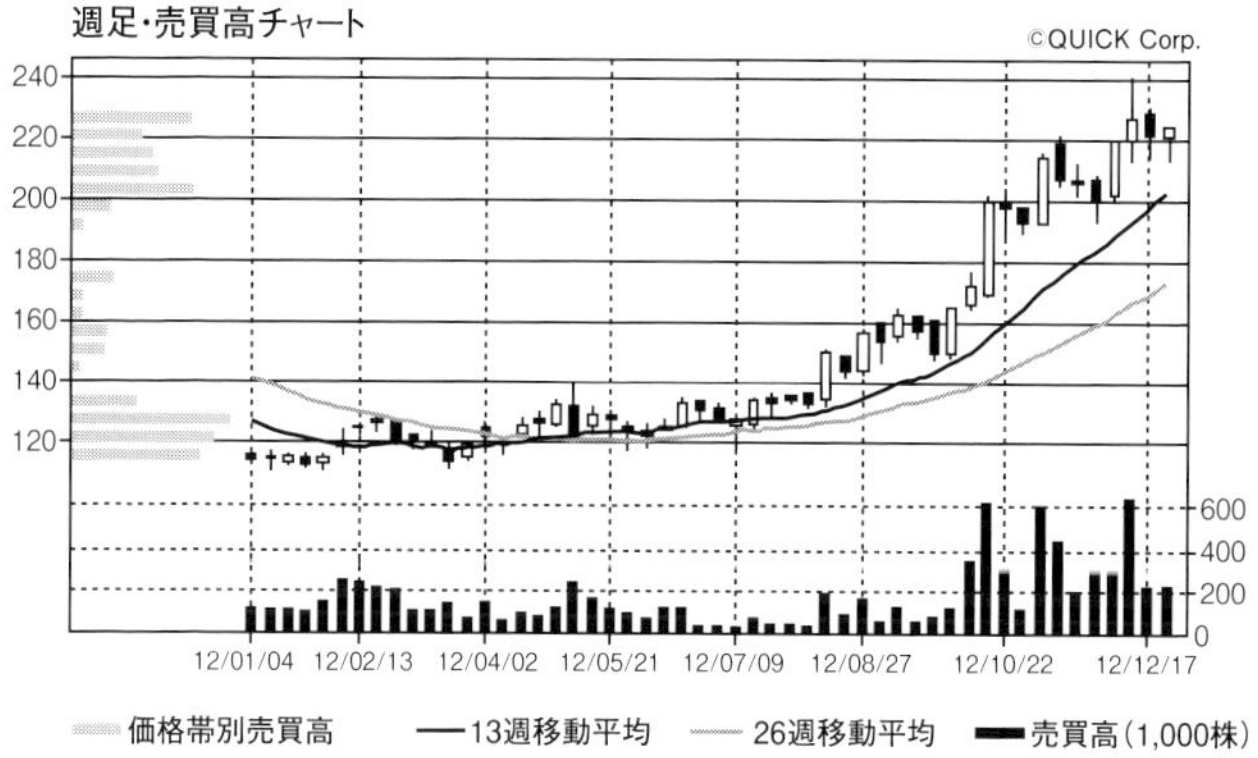

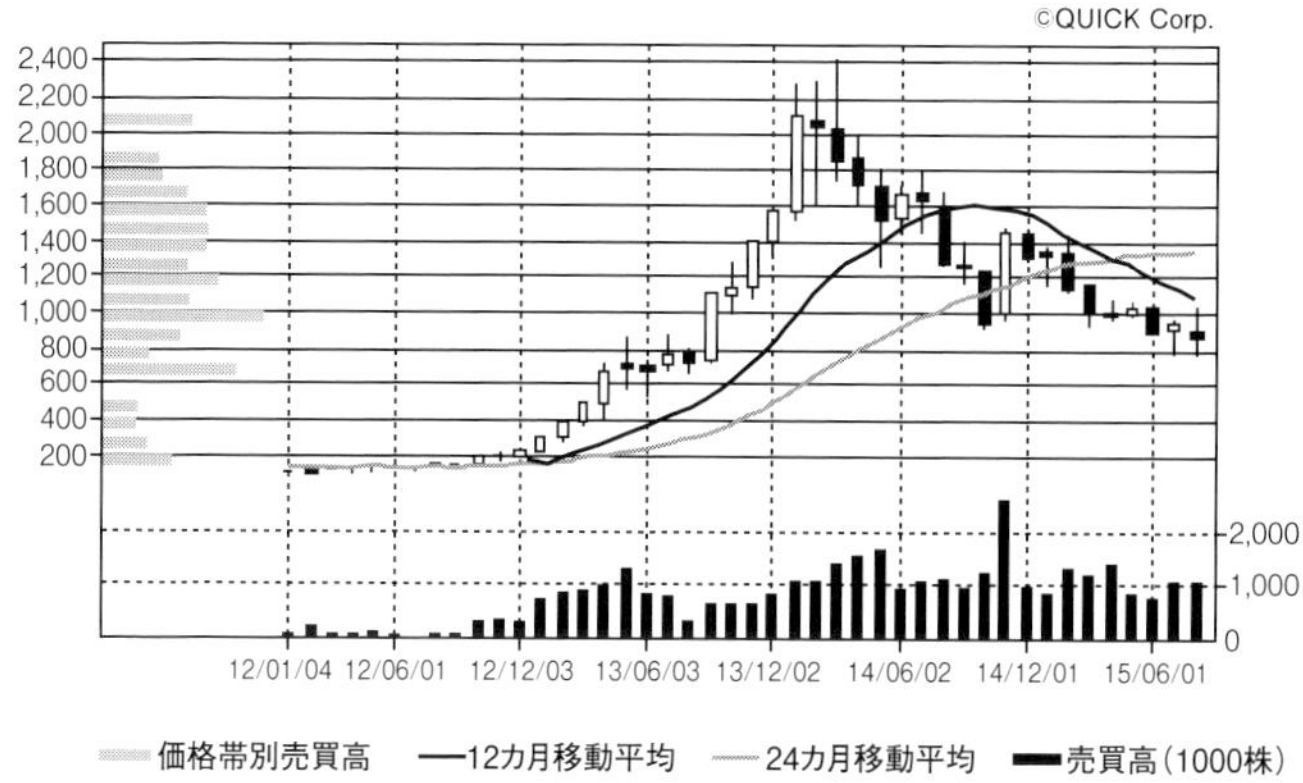

段階では株価はほとんど反応しませんでした。

増額修正自体は上期減益予想が増益に、通期決算も減益予想が増益に増額修正されたのですが、幅が小さかったからだと思われます。

この点は**図表34**の業績表で確認してください。


ところが、7月の月次が8月半ばに公表されると、株価は大きく上昇し始めます。

これは7月の月次がさらに大きく伸び、45・8％増となったことによるものです。

この時、当時の株価で言えば、月次発表日の8月15日の引け値が10万8000円、16日の寄り付きが11万2000円、引け値が11万9000円と1日で10％以上の上昇となりました。

なお、同社ではその後株式分割を繰り返していますので、当時と現在では発行済み株式数が大きく異なっています。

チャートは現在の株数で修正した株価で表示していますが、文章中では当時の株数で表現していますので、株価自体は大きく異なっています。

図表34：ファンコミュニケーションズの業績

	決算期		売上高	伸率	営業利益	伸率	税前/経常	伸率	純利益	伸率	EPS	PER
	(連結)		百万円	%	百万円	%	百万円	%	百万円	%	円	倍
連結	2012/ 6上	実績	6,391	—	917	—	944	—	874	—	—	—
対単体				24.9		3.3		2.3		63.7	—	—
		会社予初	5,990	—	812	—	839	—	471	—	—	—
			8,091	17.1		-8.6		-9.1		-11.8	—	—
連結	2012/12下	実績		47.8	1,328	59.4	1,360	57.2	765	70.0	—	—
連結	2013/ 6上	実績	9,955	55.8	1,679	83.1	1,716	81.8	1,046	19.7	—	—
連結	2013/12下	実績	12,766	57.8	2,396	80.4	2,410	77.2	1,517	98.3	—	—
連結	2011/12期	実績	10,590	—	1,721	—	1,788	—	984	—	12.7	69.0
対単体				21.4		20.4		19.2	1,639	8.8		
連結	2012/12期	実績	14,482	36.8	2,245	30.4	2,304	28.9		66.6	21.2	41.4
		会予修(8/3)	12,781	20.7	1,801	4.6	1,855	3.7	1,389	41.2	18.0	48.9
		会社予想初	12,380	16.9	1,696	-1.5	1,750	-2.1	986	0.2	12.7	68.8
連結	2013/12期	実績	22,721	56.9	4,075	81.5	4,126	79.1	2,563	56.4	33.1	26.5
連結	2014/12期	実績	31,990	40.8	5,889	44.5	5,948	44.2	3,630	41.6	46.9	18.7
非連結	2011-1Q	実績(3カ月)	2,486	21.7	426	28.3	445	27.9	261	27.3	—	—
非連結	2011-2Q	実績(3カ月)	2,631	26.2	462	34.3	478	32.0	273	18.7	—	—
連結	2011-3Q	実績(3カ月)		—	436	—	451	—	255	—	—	—
対単体			2,710	24.0		26.0		24.2		20.9	—	—
連結	2011-4Q	実績(3カ月)		—	397	—	414	—	195	—	—	—
対単体			2,763	14.6		-2.5		-3.0		-24.4	—	—
連結	2012-1Q	実績(3カ月)	2,988	—	421	—	435	—	593	—	—	—
対単体				20.2		-1.2		-2.2		127.2		
連結	2012-2Q	実績(3カ月)	3,403	—	496	—	509	—	281	—	—	—
対単体				29.3		7.4		6.5		2.9		
連結	2012-3Q	実績(3カ月)	3,907	44.2	646	48.2	661	46.6	365	43.1	—	—
連結	2012-4Q	実績(3カ月)	4,184	51.4	682	71.8	699	68.8	400	105.1	—	—
連結	2013-1Q	実績(3カ月)	4,624	54.8	775	84.1	791	[illegible]	482	-18.7	—	—
連結	2013-2Q	実績(3カ月)	5,331	56.7	904	82.3	925	[illegible]	564	100.7	—	—
連結	2013-3Q	実績(3カ月)	6,238	59.7	1,174	81.7	1,190	80.0	753	106.3	—	—
連結	2013-4Q	実績(3カ月)	6,528	56.0	1,222	79.2	1,220	74.5	764	91.0	—	—

そして、1か月後の9月半ばには13万1704円まで上昇しました。

つまり、月次発表日の翌日の寄り付きから1カ月で20％の上昇です。

月次発表日の1カ月後ということは、その時点で8月の月次が発表されています。

8月の月次は7月の45・8％増から少し下がって41・8％増となったため、その後半月ほど株価は横ばい圏で推移しました。


しかし、10月初旬から再度株価が上昇し始めました。

そして、10月半ばに9月の月次が発表されました。

9月の月次は40・3％増と8月より若干下がったのですが、それでも株価はさらに上昇し、1週間ほどで16万1704円の高値を付けました。

この時点では7~9月の月次が出そろい、42・7％増と、直前四半期の24・8％増から大きく伸び率が高まっていました。

当然、11月初旬発表の業績は急変が予想されていました。

実際、11月初旬に業績が発表されると、株価は上昇しました。

しかし、実際は、出てきた業績ほどは、株価は反応しませんでした。


通期の決算予想が20・7％増収、4・6％営業増益に対して、第3四半期累計業績は31・6％増収、18・1％営業増益というものでした。

第2四半期までの累計業績は24・9％増収、3・3％営業増益で、第3四半期の3カ月だけを取れば、44・2％増収、48・2％営業増益と、まさに様変わりしていました。

しかし、3カ月分の決算は計算しないとわからないこと、累計決算は明らかに通期決算のトレンドをかなり上回っていましたが、会社側が通期業績を据え置いたこともあり、株価はそれほど反応しませんでした。

もちろん、それ以前に7～9月の月次公表で、すでに株価がかなり上がっていたということもあるでしょう。

つまり、ここで言えることは、**業績を見ていてもこの場合は間に合わなかった**ということになります。

第3四半期決算の発表で、実は四半期では様変わりしていたのに、その時点で株価があまり反応しなかったという現象は、フジオフードシステムの分析でも見られた現象です。

つまり、株式投資をしている人々は、株価の検討にかなり多くの時間を費やしながらも、5分で終わる、そんな簡単な計算もできない人ばかりということなのでしょう。

それで株で儲けようというのですから、いかに図々しい人々かが理解できます。

というか、そんな簡単な分析もできない無知な人が多いかがわかります。

その後も月次はどんどん伸び率が高まり、最終的には2014年1月の64・0%増まで伸びます。

株価の方も現時点の株数で言えば、当初120円ほどであった株価が、2014年2月には2295円まで上昇しました。何と19倍です。

この「月次データで儲ける法」を学んできた人の多くは、月次データでこまめに稼ぐ方法もあるんだなと、最初思っていたと思います。

しかし、実際は違って、こんなに大幅に取れることもしばしばあるのです。

しかも、**自分の買った株が、後で見たら10倍、20倍になった**経験は多くの人がしています。

しかし、実際は大半が10％、20％しか儲かっていないのです。

まだ儲かっているならマシで、買ったら下がったので、すぐ売って損が出た人も多いでしょう。

もちろん、今回も120円で買って、2295円で売ることは不可能です。

しかし、ここでトリドールや王将フードサービスの月次と株価の関係で見てきたことを思い出してください。

そこでは、月次がジャンプアップしたら買うということと、月次のピークアウトを確認してから売るということです。

この**月次がピークアウトしたことを確認してから売るという鉄則を守れば、かなり大きなリターンを得ることができる**のです。

同社の場合、後から確認した月次のピークは2014年1月でした。

それまではピークアウトした感じはありませんでした。

その後、月次は比較的高水準で推移します。

図表31にありますように、その後２０１４年5月までは50％台でした。


ここまではもう終わったという感じはありませんでした。

しかし、６月に48・６％と1年半ぶりに50％を切りました。

ここが一つの判断ポイントです。

6月の月次が公表されたのは7月半ですが、７月の終値は１６２９円です。


高値からは25％くらい下がっていますが、それに目くじらを立てても仕方がありません。

そういう投資家は大体、10％、20％上がって売っている投資家です。

１６２９円でも当初株価の13倍以上になります。

そして、8月に7月の月次が公表され、7月に月次が26・5%増と急落すると、株価も急落を始めます。

8月の終値は1278円で、その後10月には921円まで下がりました。

すでに繰り返し解説しているように、月次のジャンプアップで買って、月次のピークアウトを確認して売るという戦略は、このファンコミュニケーションズでも十分役に立つことがわかったと思います。

中には株を買ったら売り買いをしたくなる人もいるでしょう。

そんな人は、**一部はコアとして継続保有して、それ以外は相場を見ながら売り買い**してもいいでしょう。

同社株でも当然ながら、上下への行き過ぎがしばしば起こるわけですから。

第12回 月次で利益まで公表する会社の場合：神戸物産のケース

営業利益は過去の変化率と併せてチェック

前回は、ネット企業で月次を公表する会社への投資の例を見ました。

今回はまた、ちょっと変わっていまして、月次で利益まで公表する会社です。

すでに述べたように、月次は通常売上高ですから、月次をフォローしても、売上高と利益の関係が弱い会社は、業績予想が難しく、月次を投資に使うのが難しいと述べました。

それゆえ、月次を投資に使う場合には、まず、売上高の変化と利益の変化の関係を見る必要があります。

しかし、**利益を公表するのであれば、その必要はなく、そのまま利益を使えば済みます**。

実はそんな会社があります。神戸物産（３０３８）という会社です。

同社は業務スーパーを展開する企業ですが、基本的にはフランチャイズシステムで、店舗を経営する人は同社から商品供給を受ける個人や企業となります。

つまり、同社は業種から言えば卸売業ということになります。

もともと食品関係の卸売業は、売上げと利益の関係が希薄な会社が多く、仮に**月次で売上高だけしか公表されていない場合は、その会社への投資に月次を使えない**のが一般的です。

図表35の業績表を見ても、売上げの伸びと利益の伸びもばらばらで、方向性まで別であることがわかります。

同社はその製品の多くを海外に依存していますから、アベノミクスの円安で2013／10期に大きなマイナスの影響を受けました。

営業利益はその前の期の半分以下に落ち込みました。

とはいえ、為替ヘッジをしている関係で、経常利益の落ち込みは小さなものです。

しかし、あくまでもヘッジですから円安下では営業外で利益が出ますが、円安が止まれば、その利益はなくなることになります。

つまり、価格転嫁して営業利益を回復させる必要があります。

円安であったので、同社にとってはマイナスですから、しばらく目を離していました。

そうしたところ、２０１４年になると、月次の営業利益が急速に回復していることに気づきました。

これは２０１４年7月の月次で、8月の終わりころのことです（**図表36**）。

前年同月比の月次営業利益が4カ月連続で2倍から3倍になっていました。

単純にこれで投資に踏み切ってもいいのですが、営業利益は売上高と違って変化率が大きくなるため、**前年度の変化率の影響**がきわめて大きくなります。

たとえば、前年度に5分の1になっていれば、倍になっても、その前の年との比較

図表 35：神戸物産の業績 1

決算期		売上高	伸率	営業利益	伸率	税前/経常	伸率	純利益	伸率
(連結)		百万円	%	百万円	%	百万円	%	百万円	%
2005/10期	実績	76,949	50.3	1,900	20.5	1,934	20.4	1,198	10.2
2006/10期	実績	90,076	17.1	1,792	-5.7	1,830	-5.4	1,131	-5.6
2007/10期	実績	95,173	5.7	1,533	-14.5	1,597	-12.7	970	-14.2
2008/10期	実績	107,146	12.6	1,019	-33.5	797	-50.1	443	-54.3
2009/10期	実績	125,998	17.6	762	-25.2	575	-27.9	244	-44.9
2010/10期	実績	138,234	9.7	2,851	274.1	2,843	394.4	94.8	288.5
2011/10期	実績	150,682	9.0	3,596	26.1	3,581	26.0	1,754	85.0
2012/10期	実績	157,412	4.5	4,234	17.7	4 709	31.5	2,123	21.0
2013/10期	実績	179,499	14.0	1,956	-53.8	4 012	-14.8	2,929	38.0

では実は60％も下ということになります。

そこで、一応念のため2年前比を計算しています。

すると、2年前比は5月に23・7％増となった後、6月はいったん0・9％減となりますが、7月には15・1％増となりました。

もっとも、6月の0・9％減でも、ほとんど落ち込む前の2年前の水準まで戻ったわけですから全く問題はないのですが。


さて、ここで2014年8月末までの株価動向を見てみます。

図表37をご覧ください。

アベノミクスで全体相場が大きく上昇する中、2013年の同社株は若干の上昇にとどまっています。

しかし、それなりに月次には反応してそこまでの半年で35％ほどの上昇となっています。

この時点で「買い」と判断しています。

図表 36：神戸物産の月次営業利益 1

営業利益の前年同月比（2011年11月〜2014年10月）

	前年同期比		前年同期比		前年同期比	2 年前比
2011年 11月	26.3%	2012年11月	-19.6%	2013年11月	13.3%	-8.9%
2011年 12月	-2.7%	2012年12月	9.2%	2013年12月	-31.8%	-25.5%
2012年 1月	47.8%	2013年 1月	-33.3%	2014年 1月	-25.5%	-50.3%
2012年 2月	68.9%	2013年 2月	-29.4%	2014年 2月	18.5%	-16.3%
2012年 3月	31.8%	2013年 3月	-27.9%	2014年 3月	35.3%	-2.4%
2012年 4月	15.0%	2013年 4月	-65.9%	2014年 4月	184.2%	-3.1%
2012年 5月	23.7%	2013年 5月	-49.5%	2014年 5月	145.0%	23.7%
2012年 6月	28.3%	2013年 6月	-66.2%	2014年 6月	193.2%	-0.9%
2012年 7月	27.9%	2013年 7月	-47.9%	2014年 7月	121.0%	15.1%
2012年 8月	80.1%	2013年 8月	-36.2%	2014年 8月	76.1%	12.4%
2012年 9月	108.6%	2013年 9月	-61.8%	2014年 9月	241.9%	30.6%
2012年10月	107.7%	2013年10月	-52.2%	2014年10月	208.5%	47.5%

図表38にあるように、その後も1年ほど高水準の営業利益の伸びが続きました。
もちろん、2倍、3倍という伸びは、前年度の営業利益水準がきわめて低かったためで、いったん回復してしまえば、二ケタの成長率でも十分高いと言えます。

さてその結果、株価は4カ月ほどで3倍になります。

その後、ほぼ半年間株価は停滞しますが、再び上昇して当初から8倍になりました（**図表39**）。

もっとも、最初の4か月間の3倍の上昇は、月次だけでも十分とることができました。

しかし、後半の8倍になる過程は、なかなか月次だけではわかりません。

会社側が強気の中期計画を公表したり、自社株買いを発表したりと、月次以外の株価上昇要因があったことによります。


このように、いつもいつも、月次だけでおいしいところがすべてとれるわけではありません。

図表37：神戸物産の株価推移 1

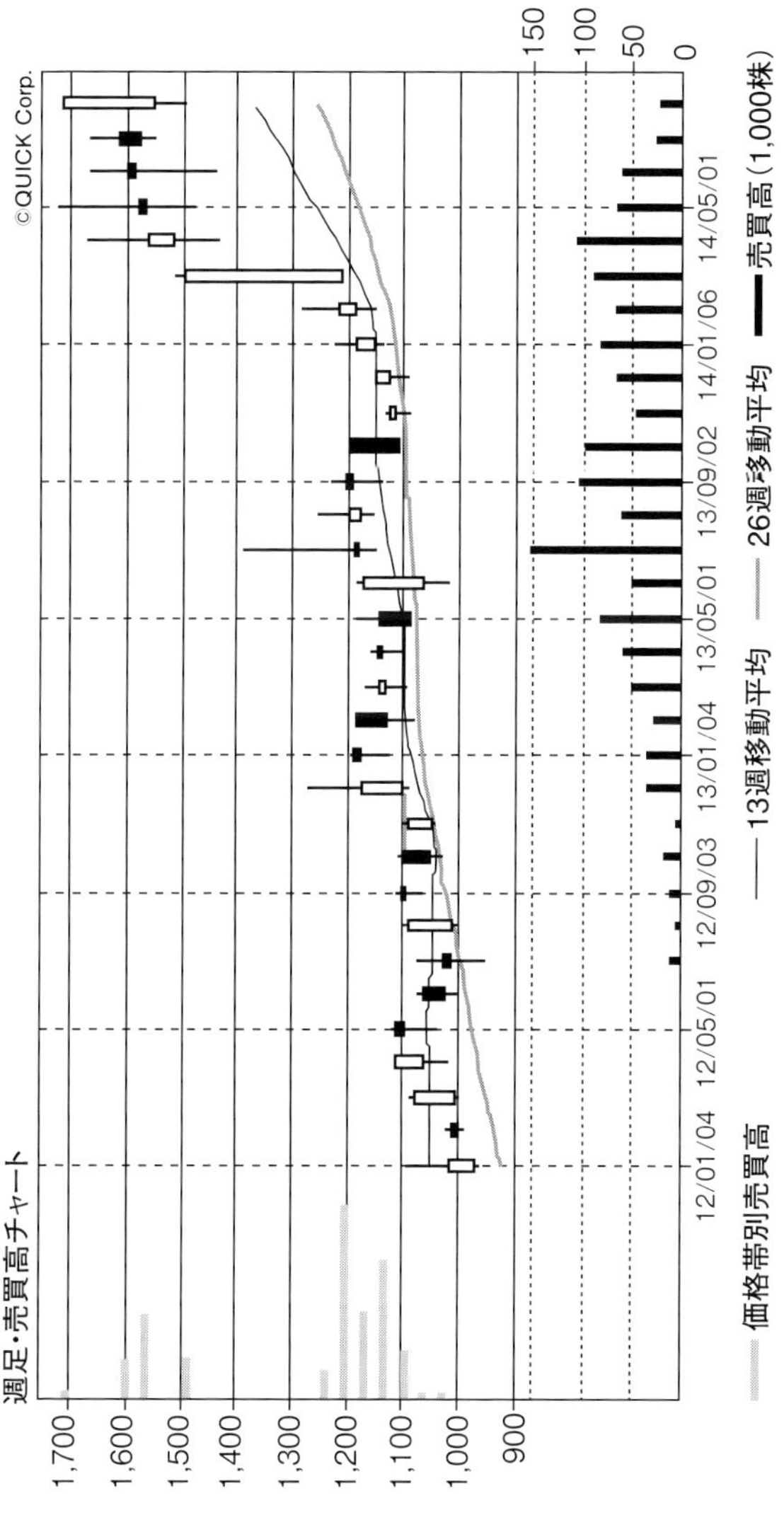

図表 38：神戸物産の月次純利益 2

営業利益の前年同月比（2012年11月〜2015年8月）

	前年同期比
2012年11月	-19.6%
2012年12月	9.2%
2013年 1月	-33.3%
2013年 2月	-29.4%
2013年 3月	-27.9%
2013年 4月	-65.9%
2013年 5月	-49.5%
2013年 6月	-66.2%
2013年 7月	-47.9%
2013年 8月	-36.2%
2013年 9月	-61.8%
2013年10月	-52.2%

	前年同期比
2013年11月	13.3%
2013年12月	-31.8%
2014年 1月	-25.5%
2014年 2月	18.5%
2014年 3月	35.3%
2014年 4月	184.2%
2014年 5月	145.0%
2014年 6月	193.2%
2014年 7月	121.0%
2014年 8月	76.1%
2014年 9月	241.9%
2014年10月	208.5%

	前年同期比
2014年11月	22.3%
2014年12月	57.8%
2015年 1月	74.1%
2015年 2月	-12.8%
2015年 3月	11.5%
2015年 4月	12.0%
2015年 5月	20.0%
2015年 6月	7.7%
2015年 7月	-7.3%
2015年 8月	7.7%
⋮	⋮
⋮	⋮

図表39：神戸物産の株価推移2

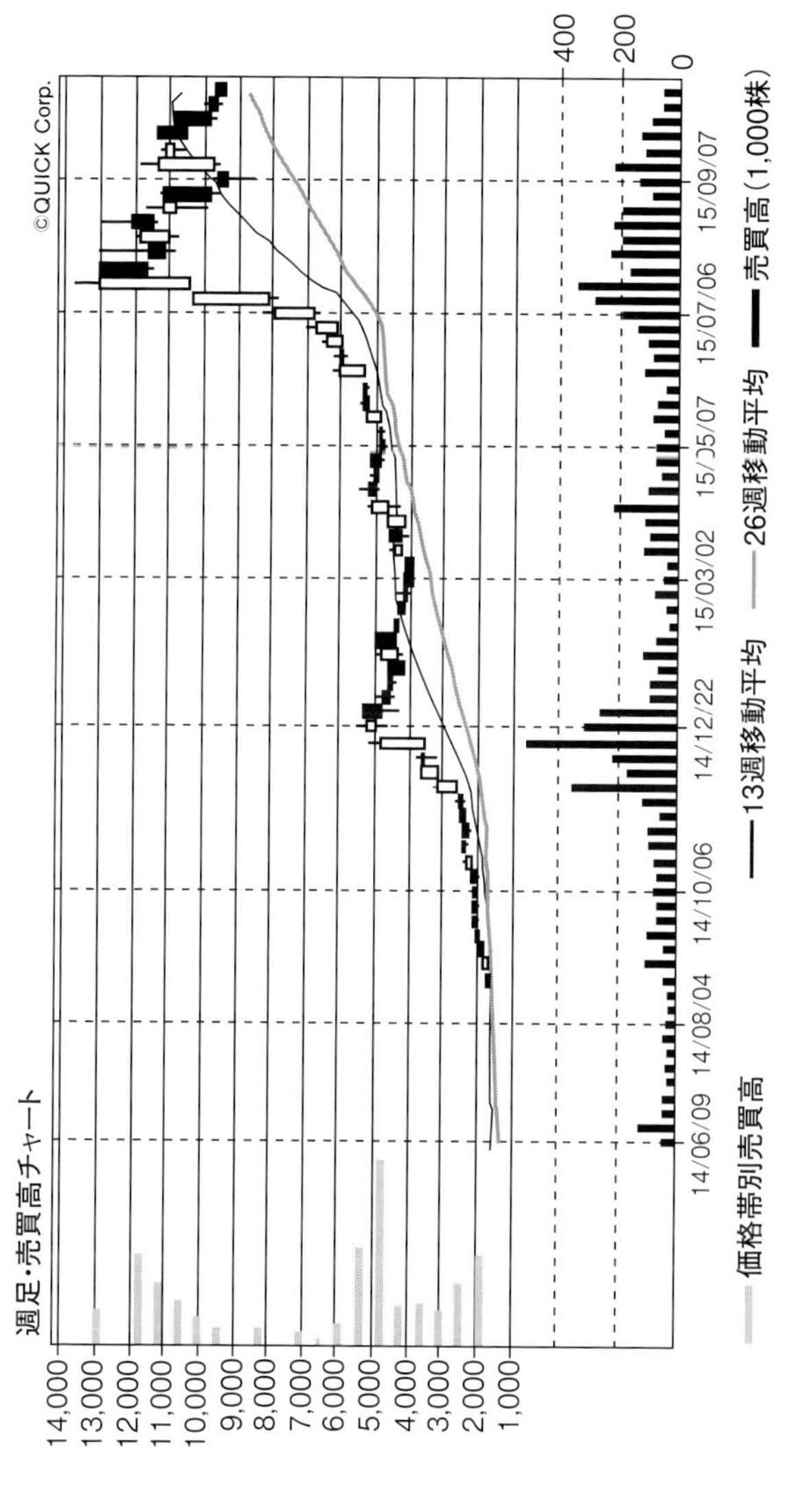

しかし、月次を見ていれば、確実に稼げることは十分納得できたでしょう。

なお、同社では2015年度から、月次データの開示に関しては、営業利益の伸び率に加え、営業利益の絶対額も開示していますので、より実態の分析がしやすくなっています。

最後にその後の業績動向を見ておくことにしましょう。**図表40**になります。

DATA	
(株)神戸物産	
本　社	兵庫県加古郡稲美町中一色883
資本金	6,400万円(平成26年12月末)
設　立	昭和60年
売上高	2,285億円(平成27年10月期連結)
店舗数	713店舗(業務スーパー事業、平成27年10月期)
事業内容	業務スーパー・フランチャイズ本部及びエリアライセンス本部など

図表 40：神戸物産の業績 2

決算期		売上高	伸率	営業利益	伸率	税前/経常	伸率	純利益	伸率
（連結）		百万円	%	百万円	%	百万円	%	百万円	%
2013/ 4中間	実績	79,593	1.8	1,236	-45.3	2,284	-10.4	1,165	-12.6
2013/10下	実績	99,906	26.1	720	-63.5	1,728	-20.0	1,764	123.3
2014/ 4中間	実績	105,145	32.1	2,096	69.6	2,402	5.2	652	-44.0
2014/10下	実績	108,883	9.0	3,082	328.1	4,022	132.8	1,949	10.5
2015/ 4中間	実績	111,462	6.0	3,117	48.7	4,757	98.0	2,365	262.7
2011/10期	実績	150,682	9.0	3,596	26.1	3,581	26.0	1,754	85.0
2012/10期	実績	157,412	4.5	4,234	17.7	4,709	31.5	2,123	21.0
2013/10期	実績	179,499	14.0	1,956	-53.8	4,0[illegible]2	-14.8	2,929	38.0
2014/10期	実績	214,028	19.2	5,178	164.7	6,424	60.1	2,601	-11.2
2015/10期	会予修8/20	228,000	6.5	6,300	21.7	9,000	40.1	5,000	92.2
	会予2Q	225,000	5.1	6,100	17.8	7,200	12.1	4,000	53.8
	会社予初	223,000	4.2	6,100	17.8	5,500	-14.4	2,650	1.9
2014-1Q	実績（3カ月）	52,675	32.7	1,028	20.8	1,404	7.8	614	-3.3
2014-2Q	実績（3カ月）	52,470	31.5	1,068	177.4	998	1.7	38	-92.8
2014-3Q	実績（3カ月）	54,743	11.3	1,595	256.0	1,970	130.1	1,004	138.5
2014-4Q	実績（3カ月）	54,140	6.8	1,487	446.7	2,052	135.3	945	-29.6
2015-1Q	実績（3カ月）	55,911	6.1	1,815	76.6	2,931	113.0	1,518	-147.2
2015-2Q	実績（3カ月）	55,551	5.9	1,302	21.9	1,736	77.0	847	2,128.9
2015-3Q	実績（3カ月）	58,155	6.2	1,779	11.5	2,716	37.9	1,435	42.9
2015-4Q	実績（3カ月）	58,383	7.8	1,404	-5.6	1,527	-25.6	1,200	27.0

コラム

H&L企業研究クラブのビジョン

私が30年間アナリストをやってきて思ったことは、個人投資家と機関投資家とではあまりに情報ギャップが大きいということです。

1990年以降はバブルがはじけて、日本株においても株価決定要因に占めるファンダメンタルのウエイトがかなり高くなりました。

そのため、機関投資家の世界ではまさにアナリストが花形職業となって行くことになります。ところが、戦後の日本の株式市場においては、長きにわたり株価の決定要因がファンダメンタルより需給にあったため、マーケットがファンダメンタルによって動き始めているのに、いつまで経っても個人投資家の世界では需給こそ唯一の株価決定要因と思う投資家のウエイトが下がりませんでした。

そのため、個人はまさに機関投資家の餌食になっているのが日本の現状です。そして、投資家ではなく、投機家、またはトレーダーが株式投資家であるという考え違いもごく普通のことです。

また、バブル崩壊までは長期的に持てば、儲かる可能性がどんどん高まったのが日本の株式市場ですので、まともに考える人は考える人で、長期投資こそ王道という間違った方法論に陥ってしまっています。本質を押さえないで長期投資をすれば、資産をどんどん減らすこともあります。

しばしば、貯蓄から投資と言われますが、個人投資家にとって投資を行うノウハウを学びたくとも学ぶ機会がほとんどないのが日本です。

これはまさに日本の悲劇ではないでしょうか。今、日本でもNISA（少額投資非課税制度）が始まり、これから投資を始めようという人が増えています。しかし、正しい投資を行わなければ、資産は増えず、せっかくのNISAも尻すぼみに終わってしまいます。

これは、本来証券市場を育てる必要のある証券会社の責任でもあります。ところが証券会社ではまともに企業の中身を説明して、株を推奨することを放棄しているようなところがあります。そのため、個人投資家に分かるようにファンダメンタルと株価の関係を解説し、そして株式市場を通じて資産形成が着実にできるようお手伝いしたいと思い、H&L企業研究クラブを立ち上げました。H&L企業研究クラブの主な活動は投資レポートを作成して、個人投資家向けに販売することになります。

第13回
注目株は織り込み済みか：ユニクロのケース
――月次データは決算予想手段ではない？

本書の第1回目で、「……ただし、ユニクロ＝ファーストリテイリング（9983）のような注目度の高い会社の場合、…（中略）…月次データを見ていても、人より先に動くのは難しいかもしれません。」と述べました。

しかし、実際はそうとばかりも限りません。むしろ、月次データは出た時点で短期的に織り込んでしまったことにしてしまう傾向があると言った方が良いかも知れません。

図表41はユニクロの国内既存店売上高の前年同月比の推移です。

図表41：ユニクロ＝ファーストリテイリングの月次データ

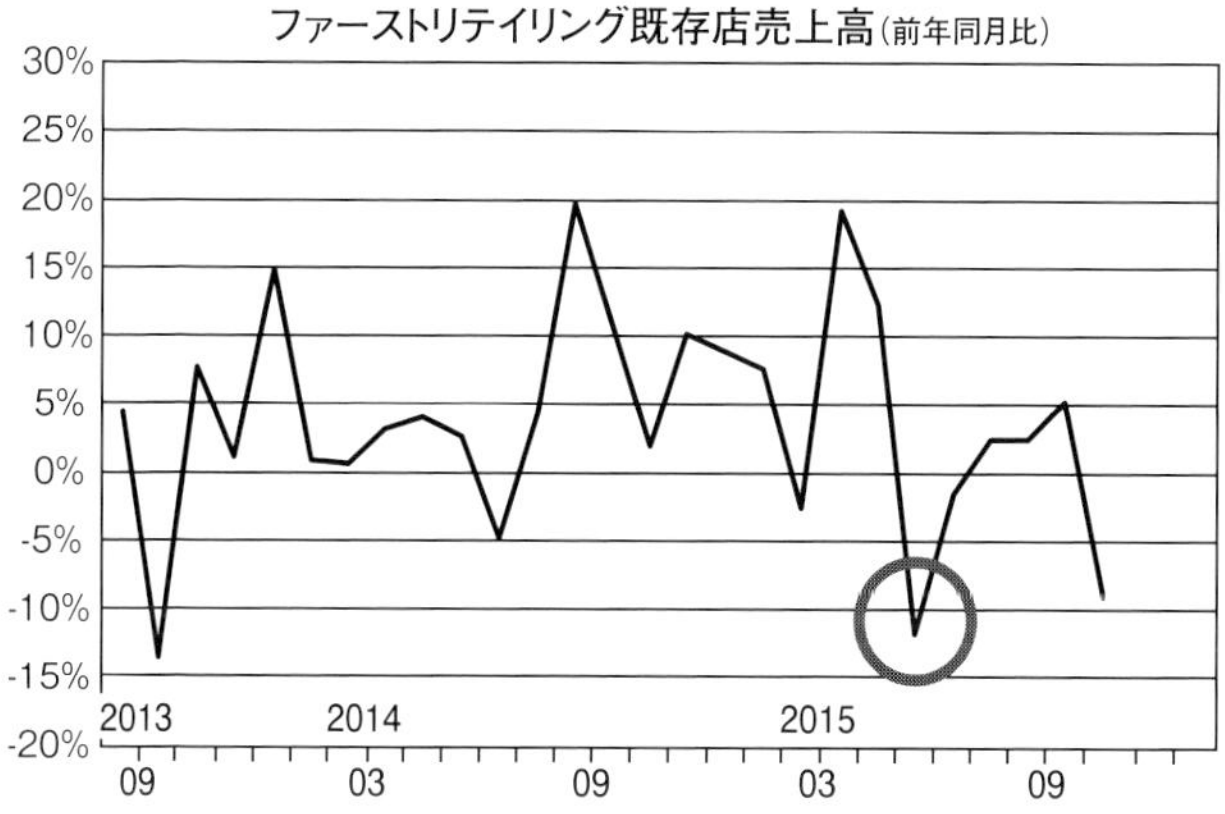

図の丸印は２０１５年６月の月次です。同社の月次は２０１４年、２０１５年と好調に推移していましたが、６月には２０１３年10月以来の大幅なマイナスに落ち込みました。

６月は寒い日が続いたため、夏物が不振で、売上げが落ち込みました。

それゆえ、本質的な部分で、同社のビジネスが悪化したわけではありません。

しかし、そうは言っても売上げが不振であれば、業績は悪化し、株価も下がるはずです。

ところが、６月の月次が公表されたのは

7月の初旬でしたが、株価の方は7月末まで勢いよく上がっています（**図表42**）。これは、同じく7月初旬に公表された業績がきわめて好調だったことによるものです。

図表43の業績表をご覧ください。

7月初旬に公開された業績は、2015年8月期第3四半期決算（表では2015−3Q実績9カ月）です。

23・9％増収、35・5％営業増益と通期計画の15・7％増収、38・0％営業増益に対して、増収率は大きく上回っていましたが、営業利益はほぼ通期並みでした。

しかし、前年度の第4四半期は業績が大きく悪化し、その前の期の黒字から赤字に転落していましたので、通期では計画を上回り大きく回復すると見たのでしょう。

会社側では第3四半期決算公表と同時に通期決算を増額修正してきました。

新たな通期業績予想は19・3％増収、53・4％営業増益というものでした。

そのことに反応して株価は大きく上昇して、年初来高値を更新しました。

その後、7月の月次が公表され、1・5％減と6月よりマイナス幅が大きく縮小した

図表 42：ユニクロ＝ファーストリテイリングの株価推移

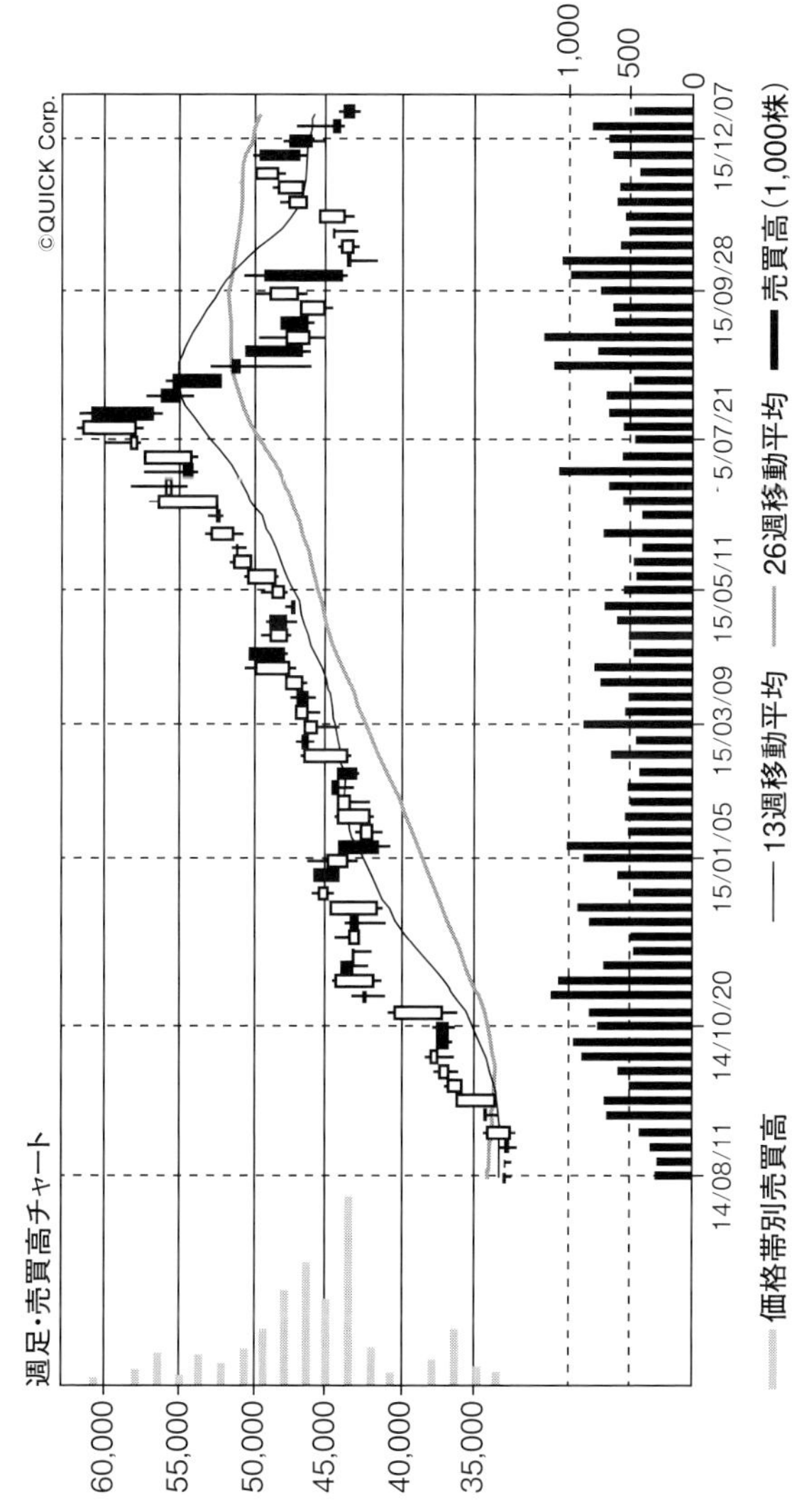

ものの、2012年の9月、10月以来の2カ月連続マイナスを嫌気されて、株価が下落に転じました。

日経平均が急落を開始する8月19日までに株価は高値から10%ほど下落しており、その後は日経平均の下落に合わせて、さらに大きく下落しました。

日経平均は9月まで下げ続けましたが、同社株は一足早く9月後半には上昇に転じ、10月初旬の決算発表まで株価は上昇しています。

これは、8月の月次がプラスに転じたことや先行して下げた分、早めに上げたという感じです。

しかし、すでにわかっている第4四半期に相当する6～8月の既存店月次の平均値は4・5%減です。

第1四半期から第3四半期までの既存店平均値は10・7%増、8・9%増、9・5%増に対して、4・5%減ですから大幅に悪化です。

図表 43：ユニクロ＝ファーストリテイリングの業績

決算期		売上高	伸率	営業利益	伸率	税前/経常	伸率	純利益	伸率	既存店月次
（連結）		百万円	%	百万円	%	百万円	%	百万円	%	平均値(%)
2014/ 2上	実績	764,377	24.3	107,030	10.7	110,562	2.6	70,811	8.2	2.2
2014/ 8下	実績	618,558	17.1	23,372	-37.6	24,908	-48.1	8,526	-79.7	1.6
2015/ 2上	実績	949,684	24.2	150,077	40.2	163,666	48.0	104,753	47.9	8.4
2015/ 8下	実績	732,097	18.4	14,386	-38.4	17,010	-31.7	12,635	48.2	3.1
2012/ 8期	実績	928,669	13.2	126,450	8.7	125,212	16.9	71,654	31.8	
2013/ 8期	実績	1,142,971	23.1	134,101	6.1	155,732	24.4	107,474	50.0	
2014/ 8期	実績	1,382,935	21.0	130,402	-2.8	135,470	-13.0	79,337	-26.2	
2015/ 8期	実績	1,681,781	21.6	164,463	26.1	180,676	33.4	117,388	48.0	
	会予想修(7/9)	1,650,000	19.3	200,00	53.4	211,500	56.1	120,000	51.3	
	会社予想初	1,600,000	15.7	180,000	38.0	180,000	32.9	108,000	36.1	
2016/ 8期	会社予想初	1,900,000	13.0	200,000	21.6	200,000	10.7	115,000	-2.0	
2014-3Q	実績(9カ月)	1,088,032	22.8	139,704	12.6	142,930	0.6	87,344	-1.2	
2015-3Q	実績(9カ月)	1,348,114	23.9	189,274	35.5	210,282	47.1	132,364	51.5	
2014-1Q	実績(3カ月)	389,052	22.3	65,314	15.4	69,476	16.3	44,515	15.7	-0.6
2014-2Q	実績(3カ月)	375,325	26.5	41,716	4.2	41,086	-14.4	26,296	-2.5	5.6
2014-3Q	実績(3カ月)	323,655	19.4	32,674	19.3	32,368	-5.6	16,533	-28.0	2.7
2014-4Q	実績(3カ月)	294,903	14.7	-9,302	赤転	-7,460	赤転	-8,007	赤転	0.5
2015-1Q	実績(3カ月)	479,543	23.3	91,370	39.9	106,745	53.6	72,796	63.5	10.7
2015-2Q	実績(3カ月)	470,141	25.3	58,707	40.7	56,921	38.5	31,957	21.5	8.9
2015-3Q	実績(3カ月)	398,430	23.1	39,197	20.0	46,616	44.0	27,611	67.0	9.5
2015-4Q	実績(3カ月)	333,667	13.1	-24,811	赤大	-29,606	赤大	-14,976	赤大	-4.5

ここで買う根拠はなかったように思えます。

それとも終わった期の業績は悪いが、見通しがいい予想になるだろうということで買ったか、真相はわかりません。


しかし、実際業績が公表されてみると、株価はいきなり大幅に下がりました。

出てきた前期業績は21・6％増収、26・1％営業増益と、増額修正したものの、実際の営業利益は増額修正前の水準さえ下回りました。

これは、既存店からわかるように国内が大きく悪化したことに加え、海外も悪化したという面もありました。


ひょっとすると、海外が見込み違いだったのかもしれませんが、少なくとも国内がきわめて厳しいことはわかっていましたので、なぜ、決算発表前に株価が上がったのかはわかりません。

ある部分、月次はすでに公表されており、それはマーケットも知っていることです。

そのため、すでにそれは**織り込み済みと判断した**のかもしれません。

しかし、ここまで月次では反応せず、決算で反応したケースをいくつも見てきました。

結局は多くの人が見ている株でも、月次データが出た段階では織り込んでも、決算を予想する手段として使っていないのではないかと考えざるを得ないケースが多く見受けられます。

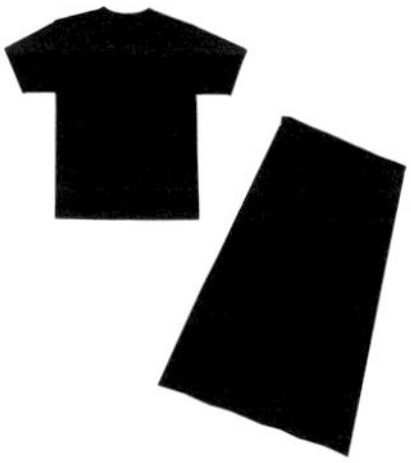

DATA

(株)ファーストリテイリング

本　社	山口県山口市佐山 717-1
資本金	102 億円
設　立	昭和 38 年
売上収益	1 兆 6,817 億円（平成 27 年 8 月期連結、IFRS）
従業員数	社員数：41,646 人（平成 27 年 8 月）
主なブランド	ユニクロ、ジーユー、セオリー、コントワー・デ・コトニエ、プリンセス タム・タム、J Brand など

まとめ

どうでしたか？

月次データを用いて、株式投資を行うことで、これほど確実に儲けることができるのです。

目からウロコだった人も多いのではないでしょうか。

最後にざっと要約を列挙して、このメールセミナーを終わりにしたいと思います。

月次データを使うことのメリット

その1　月次データは株価にとって重要な業績が、業績発表より先にわかるということ。

その2　業績を見るより簡単

その3　株価の「買い」タイミング、「売り」タイミングがわかりやすい。

月次データの使い方

まとめ

その1 全店売上高より既存店売上高が利益変化を説明する。

その2 月次データは会社のホームページで見る。

その3 同じ銘柄で繰り返し使える

その4 月次データのピークアウトを確認してから売ればよい。

その5 月次データが使える会社と使えない会社の区別法

その6 月次データは出た時も使えるが、３か月分まとめるともっと有効

そのほかのちょっと変わった様々な月データ

ネット企業の月次データ

月次で利益まで発表する会社

月次データを使えば、実にシンプルに確実な投資をすることができます。

あまりにも時間や手数が必要な投資では、気軽にするわけにはいきません。

この方法であれば、自分が興味のある銘柄だけを月に1度チェックするだけです。

もちろん、月次データだけで株式投資を行って、常に儲かるわけではありません。

しかし、単に株価に頼って、勢いで投資をしたり、感覚で投資をしたり、業績の結果だけに一喜一憂するような投資と比べて、いかに再現性があるか十分に理解できたのではないでしょうか。


実際に使ってみると、うまくいく時もあれば、あまりうまくいかない時もあります。

それらの経験を経ることで、どういうときはうまくいって、どういうときはうまくいかなかったかが身に付き、どんどんノウハウが蓄積されてきて、さらに上達するようになります。


月次データでの投資ノウハウに慣れてきたら、さらにその精度を高めるためには、一歩進んで月次データと業績の関係に踏み込めば、もっと株式投資で儲かる精度が上がります。

ただし、いきなりそこに踏み込んでも、ここで解説した月次データで儲けることと比較すると、やや高度な知識が必要になります。

もちろん、将来的にはそのような知識を身に付けて、株式投資に取り組むのもいいでしょう。

しかし、まずは一番簡単とも言えて、確度が高いこの月次データを使った投資を身に付けてください。

また、機会があれば、月次データで儲けることを実践して、儲けることが見えてきた人向けに、月次データと業績の関係を理解して、さらに儲かる精度を上げる方法の解説書も執筆してみたいと思います。

二〇一六年 三月　**有賀泰夫**

有賀泰夫
証券アナリスト
(日本証券アナリスト協会検定会員)

埼玉大学　理工学部　生化学科卒業
新日本証券に入社(現みずほ証券)。クレディ・リヨネ証券、UFJキャピタルマーケッツ証券、三菱UFJ証券(現三菱UFJモルガン・スタンレー証券)などで、食品、飲料、卸売業のアナリストとして活躍。特に卸売業のアナリストとしては第一人者。2009年H&Lリサーチ設立。代表。現在は食品、食品卸、外食、小売り、ネット企業など幅広い銘柄をカバー。日経人気アナリストランキングで常に上位をキープし続ける。株式会社アドバンスト・リサーチ・ジャパン マネージング・ディレクター。
著書「日本の問屋は永遠なり」アヴァン札幌(2012)

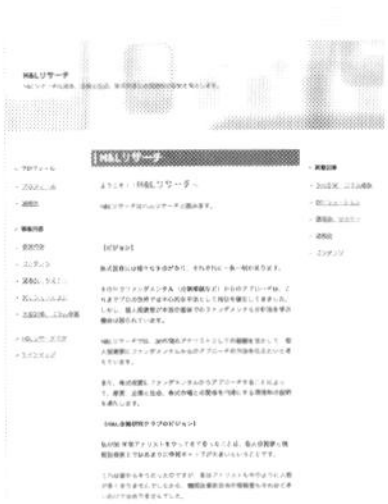

H&Lリサーチ
http://cherry100.mods.jp/H&Lresearch/

やり方さえわかれば、
初心者でも株式投資で確実に勝てる
「株式投資で確実に勝つための月次データ利用法という裏技」

平成28年5月10日発行

発　行　人：松本　講二
発行・編集：株式会社日本食糧新聞社
販　　　売：〒101-0051　東京都千代田区神田神保町2-5　北沢ビル
電話 03-3234-6901　FAX 03-5210-7718
印　刷　所：株式会社日本出版制作センター

乱丁本・落丁本は、お取り替えいたします。
ISBN978-4-88927-252-9